El utilitarismo

Un sistema de la lógica
(Libro VI, capítulo XII)

John Stuart Mill

El utilitarismo
Un sistema de la lógica
(Libro VI, capítulo XII)

Introducción, traducción y notas
de Esperanza Guisán

Alianza editorial
El libro de bolsillo

Título original: *Utilitarism - The Science of Logic, Book VI, Chapter XII*

Primera edición: 1984
Tercera edición: 2014
Quinta reimpresión: 2023

Diseño de colección: Estrada Design
Diseño de cubierta: Manuel Estrada
Fotografía de Juan Manuel Sanz

Reservados todos los derechos. El contenido de esta obra está protegido por la Ley, que establece penas de prisión y/o multas, además de las correspondientes indemnizaciones por daños y perjuicios, para quienes reprodujeren, plagiaren, distribuyeren o comunicaren públicamente, en todo o en parte, una obra literaria, artística o científica, o su transformación, interpretación o ejecución artística fijada en cualquier tipo de soporte o comunicada a través de cualquier medio, sin la preceptiva autorización.

© de la introducción, traducción y notas: Esperanza Guisán
© Alianza Editorial, S. A., Madrid, 1984, 2023
    Calle Valentín Beato, 21
    28037 Madrid
    www.alianzaeditorial.es

PAPEL DE FIBRA
CERTIFICADA

ISBN: 978-84-206-8432-1
Depósito legal: M-317-2014
Printed in Spain

Si quiere recibir información periódica sobre las novedades de Alianza Editorial, envíe un correo electrónico a la dirección: alianzaeditorial@anaya.es

Índice

9   Introducción, por Esperanza Guisán

47 El utilitarismo
49 1. Observaciones generales
50 2. Qué es el utilitarismo
97 3. De la sanción última del principio de utilidad
113 4. De qué tipo de prueba es susceptible el principio de utilidad
126 5. Sobre las conexiones entre justicia y utilidad

169 Un sistema de la lógica (1843). Libro VI
171 Capítulo XII. Sobre la lógica de la práctica o del arte, incluyendo la moralidad y la prudencia

Introducción

Las doctrinas morales que postulan la deseabilidad de la felicidad humana han tenido, extrañamente, una mala prensa. Se ha partido, en general, de creencias y presupuestos tan poco defendibles como que la felicidad nos igualaría a los puercos, o que todos *ya* estábamos buscando la felicidad y no precisábamos de consejos, advertencias, y mucho menos imperativos, que nos urgiesen a actuar hedonísticamente. Es más, se suponía que las inclinaciones hedonistas eran más bien perniciosas y debían de ser compensadas y controladas mediante preceptos morales.

En este sentido *El utilitarismo* de John Stuart Mill es una obra sumamente esclarecedora. Por una parte, se demuestra que la felicidad humana es un logro difícil que implica la puesta en marcha de una serie de resortes *morales,* que en nada la asemejan a la felicidad que pudieran disfrutar nuestros hermanos los cerdos. Por otra parte, y lo que es mucho más importante, no sólo intenta demostrar Mill en esta pequeña gran obra de la filosofía moral de todos los tiempos que el ideal de la máxima felicidad del mayor número es un ideal perfectamente moral, sino, lo que es más destacable, que dicho ideal constituye el propio criterio de la moralidad. O, lo que es igual, con Mill la felicidad general no admite paradigma axiológico alternativo que pueda entrar legítimamente en liza.

En tiempos como los que corren, en los que los fundamentos de todo principio moral parecen resquebrajarse, tiempos en los que, muerto Dios, muertos los dioses que le sucedieron, parecería que nada le quedase al hombre más que la duda, la zozobra y la incertidumbre, la lectura de Mill debe resultar siquiera estimulante por una diversidad de motivos.

En primer, y principal, lugar, frente al dogmatismo decadente de las verdades reveladas, ofrece Mill una suerte de inferencias acerca de lo deseable, obtenidas mediante la introspección y la observación de hechos relativos a la conducta humana. En segundo lugar, frente al escepticismo, nihilismo, no cognoscitivismo, relativismo metodológico, etc., Mill postula una salida razonable y racional, no necesariamente «racionalista». En *Un sistema de la lógica,* del cual en esta edición de *El utilitarismo* se incluye el capítulo final, se esboza de manera clara lo que hoy entenderíamos como los supuestos meta-éticos de Mill. Es decir, los supuestos que dan razón de su razonamiento en ética. O, lo que es igual, su justificación de la posible justificabilidad de la ética. También allí encontrará el lector, amén de un interesante anticipo del principio de la «mayor felicidad», una brillante disertación en torno al tan debatido tema en la actualidad del estatus racional y/o científico de la ética. Tanto en el referido capítulo de *Un sistema de la lógica* como en el propio capítulo 1 de *El utilitarismo,* se establece con claridad que las cuestiones relativas a los medios se pueden dirimir en atención a su adecuación a los fines, pero que los propios fines o metas de la actuación moral, o de otro tipo, no admiten de una justificación racional, tal como se entiende ordinariamente. Pero, como asimismo se indica en el mencionado capítulo 1, existe un sentido más amplio de la expresión «demostración» o «prueba» que puede tener relevancia en el ámbito de la justificación de los fines deseables. Se pueden presentar a nuestra consideración aspectos o características de los fines propuestos que nos muevan a aceptarlos o rechazarlos. Lo cual parecería enlazar, en cierto modo, con algunas propuestas neoutilitaristas contemporáneas, como las de Smart, que se autodefinen como «no cognoscitivistas», es decir, como no susceptibles de dar razones últimas de sus primeros y principales postulados.

Nada más lejos, a mi modo de ver, sin embargo, que un posible incipiente «no cognoscitivismo» en Mill. El no cognoscitivismo afirma que no hay razones últimas para elegir un fin u otro. Mill, por el contrario, está más bien dispuesto a anticipar la idea, hoy en día ampliamente aceptada tanto por parte de Toulmin como de Albert, por citar dos ejemplos, de que los usos de la «razón» y la «racionalidad» son varios, y que es absurdo pretender reducir todo intento de justificación racional al modelo de la lógica o de la ciencia, de modo exclusivo. Lo que en *Un sistema de la lógica* se afirma, y se desarrolla ampliamente en *El utilitarismo,* es que, de alguna manera, la razón hunde sus raíces en el deseo. Con lo cual no hace Mill sino continuar una línea que le engarza cuando menos con Hume, dentro de la tradición anglosajona.

Así, en efecto, para Mill la moral se justifica solamente cuando los deseos humanos concuerdan con sus preceptos. ¿No desea el hombre ser feliz? ¿No lo desea además sobre todo y por encima de las demás cosas? Luego es «deseable» la felicidad, y además la única cosa deseable. El contraste con la moral kantiana se presenta inmediatamente, por cuanto en Kant la moral no nos muestra el camino de la felicidad, sino, por el contrario, el de la autonegación, el sacrificio y el esfuerzo, que nos harán «dignos» a la postre de ser felices (en algún otro lugar).

Sobre la aparente tensión-oposición Kant-Mill volveré más adelante. Es indudable que por mucho que intentemos conciliar, en la medida en que sean conciliables, los *desiderata* kantianos y los de Mill, al menos esta diferencia en el punto de partida parece clara: para Mill el hombre desea la Felicidad, luego «debe» procurársele la felicidad. El hombre tiene derecho a ser feliz, y la colectividad el deber de garantizarle los medios para alcanzar su propósito. Mientras que, por el contrario, para Kant la felicidad es un «premio» que reclama méritos morales peculiares. La felicidad es más bien algo que se recibe en un tiempo y en un lugar «venideros», como fruto y consecuencia de haber perseguido pertinazmente la virtud durante nuestro *life span,* como hoy se diría. Es decir, dentro de una óptica kantiana, tiempo de vivir es tiempo de sufrir. Sólo en una vida «otra», la Virtud y la Felicidad, que componen indiscutiblemente el Supremo Bien, se reconcilian. En este «valle de lágrimas» el hombre parece verse abocado necesariamente a elegir entre la «virtud» y la «felicidad» como dos opciones contrapuestas e incompatibles.

Mill, contrariamente a Kant en este aspecto, concibe la personalidad humana desde una óptica optimista, casi griega, de tal suerte que la virtud y la felicidad se conjugan y se presuponen mutuamente, como en Platón, como en Aristóteles, como en Epicuro. No hay fisuras entre el mundo de la plenitud vital y el mundo de la plenitud ética. Es más, en Mill, como en los clásicos griegos, la ética es arte de vivir, como en Epicuro, a la vez que de convivir, como en Platón.

En éste y en otros muchos sentidos, la doctrina del utilitarismo es apenas novedosa. Se trata más bien de una síntesis atinada y apretada del legado clásico, por una parte, y las aportaciones posteriores que el mundo de la ilustración vino a añadir: «igualdad, libertad, fraternidad», es un lema que subyace continuamente a las tesis de *El utilitarismo,* especialmente cuando se le lee, como creo que es de rigor, juntamente con «Sobre la libertad» (1859).

Y es precisamente éste el mérito principal de la contribución de Mill a la filosofía moral: haber puesto de manifiesto los temas recurrentes, las preocupaciones y *desiderata* de siempre, revestidos del hálito de la modernidad. Como es, asimismo, meritorio haber rescatado el mundo de la sensibilidad y los sentimientos de manos de los puramente subjetivistas, para insertarlo en un entramado «razonable», en donde, en conjunción con el mundo de la racionalidad, se elaboran metas y fines genuinamente «humanos».

En este sentido podría considerarse, en muchos aspectos, la filosofía moral de J. S. Mill como una síntesis fructífera de lo más rico y sugerente de Hume y Kant, si bien contrariamente a ambos, la racionalidad no es para él algo distinto y diferente de las restantes facetas humanas. En Mill, todo lo que el hombre hace lo hace en cuanto ser sintiente a la vez que racional.

Esta concepción del hombre como sujeto sensiblerracional es lo que explica la defensa de la felicidad general como fundamentada en, y amparada por, lo que el hombre es. Los críticos de Mill influidos por, e imbuidos de, la concepción dualista del hombre han visto pasos falaces en la argumentación de Mill en *El utilitarismo*. Concedamos, han argumentado, lo que ya es mucho conceder, que todo hombre busca y desea su propia felicidad. Sigamos concediendo, en pro de la discusión, que, por consiguiente, es «deseable» desde la perspectiva de A que A consiga su felicidad, desde la perspectiva de B que B consiga su propia felicidad, y del mismo modo con relación a C, D, etc. ¿Cómo podremos, sin embargo, inferir de aquí que la suma de felicidades FA + FB + FC, etc., pueda resultar deseada por y deseable para A + B + C, etc.? O, lo que viene a ser igual, ¿qué nos va a ti y a mí en que se consiga al unísono lo que ambos deseamos? Posiblemente, incluso tus deseos y los míos entren en conflicto, de tal suerte que mi felicidad sólo es alcanzable a costa de tu infelicidad, o tu sufrimiento, y, a la inversa, tú te gozas en mi dolor porque es, precisamente, a costa de mi desdicha e infortunio como tú te promocionas, o alcanzas poder, o mejoras tu hacienda.

Los críticos, que son muy hábiles para desprestigiar y descartar argumentaciones en base a su incursión en presuntas falacias lógicas, han encontrado en las argumentaciones de Mill a favor del hedonismo universal o utilitarismo, al menos dos importantes falacias:

1. *La falacia de la composición* se refiere a la imposibilidad, acabada de expresar, de inferir a partir de

FA es un bien para A
FB » » » » B
FC » » » » C

Luego FA + FB + FC es un bien para A + B + C.

2. *La falacia naturalista,* denunciada por G. E. Moore en 1903, y que constituye el arma más pertinazmente esgrimida contra *El utilitarismo,* se formula al demostrar la imposibilidad lógica de derivar ningún juicio de valor relativo a lo que es «deseable» a partir de un enunciado descriptivo referente a lo que es «deseado».

A mi modo de ver, aunque a primera vista no parezca así, los que presentan ambos tipos de acusaciones comparten una visión semejante de la filosofía y, sobre todo, una concepción semejante de la naturaleza del hombre.

Para ambos tipos de acusadores ni lo deseado puede ser deseable, ni lo que me favorezca a mí puede incrementar la felicidad ajena ya que, según sus presupuestos, los seres humanos somos seres cuyas capacidades de goce residen en la sola y única promoción de sus intereses individuales. Es así por lo que lo «deseado», que pertenece al nivel subjetivo, a lo concerniente al mundo de lo puramente sensible, no puede ser confundido con lo «deseable», que hace relación a un mundo cuando menos intersubjetivo, un ámbito donde apelamos a «razones», que hacen a su vez mención de, y apelación a, bienes que se consideran colectivos y no meramente individuales.

O, lo que es igual, al mentar lo «deseado» y lo «deseable» se coloca al hablante, en opinión de los mencionados acusadores, en dos perspectivas distintas y antagónicas. Lo deseado es aquello que es objeto del deseo no cualificado de un sujeto, o una suma indiscriminada de sujetos que no tienen en cuenta «razones» que afecten al conjunto de la colectividad en que se insertan. Así, el éxito individual, a expensas del sufrimiento ajeno, puede ser «deseado» no sólo por individuos aislados de una comunidad, sino por la inmensa mayoría de sus miembros, lo cual, sin embargo, argumentarían los detractores de la igualdad deseado/deseable, no significa que el éxito individuo a expensas del sufrimiento ajeno sea deseable. Como diversos autores han argumentado, desde Moore a Toulmin, «deseable» a diferencia de «deseado» no se refiere a la mera constatación de un hecho psicológico o sociológico (lo que un hombre o un grupo desean), sino que implica, por parte del hablante, una actitud valorativa que se refiera a que el bien en cuestión es «digno de ser deseado».

Ahora bien, podríamos contraargumentar, ¿qué puede significar ser «digno de ser deseado»? O, ¿qué cosa puede ser «deseable» sino el conseguir la mayor satisfacción posible de deseos?

Kant, en el siglo XVIII, argumentaba que no tenía sentido que la ética se ocupase de investigar lo que hace a los hombres felices, sino que habría de centrar su objetivo en averiguar cómo se hace el hombre digno de la felicidad. Schlick, en el siglo XX, asegurará, por el contrario, rememorando a Epicuro, que todo el que desea ser feliz está invitado a participar en el goce.

¿Qué actitud nos parecería más convincente?

Los críticos de Mill, de alguna manera, comparten el supuesto kantiano de que la felicidad y la virtud no son las caras de la misma moneda, como pretendía Epicuro, o incluso Platón, sino ámbitos distintos, líneas paralelas que no están destinadas a encontrarse y conexionarse, al menos durante la existencia humana que nos es dado conocer.

Mill, por el contrario, prosigue la línea epicúrea que desembocará en Schlick. Mill transporta dignamente la antorcha de quienes creen que los hombres no han nacido con culpa, no son lobos para el hombre, ni entidades conclusas, reclusas en sus mismidades, sino criaturas «simpáticas», abiertas, con capacidad para sufrir y gozar con el infortunio y la dicha ajenos.

De ahí que lo deseado y lo deseable no son, para Mill, sino dos maneras de nombrar un mismo hecho. Lo visible –argumentará Mill– es lo que puede verse, lo audible lo que puede ser oído, de donde, colegirá, provocando las iras de los no naturalistas *more* mooreano, lo deseable no es sino lo que puede ser deseado. Más aún, aquello en función de lo cual todo lo que deseamos es deseado.

En algún sentido es innegable que Mill ha pecado, cuando menos, de cierta dosis de vaguedad e imprecisión. Utilizando la terminología de Piaget, o Kohlberg, diríamos que lo deseado y lo deseable coinciden solamente en cierto tipo de individuos, a saber, los moralmente más desarrollados.

Pero sería ciertamente falaz, desorientador, o simplemente falso, afirmar que todo lo que cualquier individuo desea, lo que cualquier grupo reclame, es, sin más, deseable.

Mill, aunque no es excesivamente explícito al respecto, lo es lo suficientemente para revelar el carácter prepiagetano de su concepción de la psique humana, conforme a la cual el hombre está abocado a ser feliz (una vez eliminados determinados condicionamientos sociales, políticos y económicos) en la cooperación amistosa y en el trato igualitario, no discriminatorio. Lo deseable no es igual, para Mill, a cualquier cosa que cualquier individuo o conjunto de individuos tenga a bien desear, sino que, aunque Mill no lo exprese de forma suficientemente explícita, se colige claramente que, de acuerdo con sus presupuestos, lo «deseable» se confunde con aquello que los hombres «moralmente desarrollados» desean. Es decir, los placeres cualificados del hombre moralmente desarrollado se convierten no sólo en los placeres «realmente» deseados, sino, a su vez, deseables. Por lo demás, ¿qué otra cosa puede ser verdaderamente deseable sino lo realmente deseado por personas ilustradas, sensibles y sensatas? El «debe», en Mill, está contenido en el «es». No existen hiatos, fronteras, muros infranqueables para transitar del mundo de los hechos al mundo de los valores, ya que los propios valores son valiosos precisamente en atención a que cumplimentan *desiderata* humanos.

Pero, por supuesto, insistirá Mill, distanciándose de Bentham, no todos los placeres humanos son igualmente deseados por los hombres medianamente ilustrados, sensatos y sensibles. No todos los placeres, por tanto, son igualmente deseables, reencontrándose, así, Mill con las argumentaciones platónicas del libro final de *La república*. En suma, «bueno» y «lo que produce cualquier tipo de placer» no serían, podemos interpretar, términos sinónimos, conforme a los postulados de *El utilitarismo*.

El mejor placer, es decir el placer máximo, constituye la meta del vivir humano, y confiere sentido a los demás placeres, a los sufrimientos y dolores, a los sacrificios momentáneos que tienen sólo valor moral en cuanto encaminados a la consecución de un placer más intenso, más vivo, más profundo. Y esto es así hasta el punto de que el hombre que sucumbe ante la tentación de placeres menores pasajeros e inmediatos, que le distraen en la búsqueda y logro de los permanentes y profundos, no sólo obra neciamente, sino inmoralmente también: su conducta no es correcta, no es *right*. No sólo derrocha su capital vital, distrayéndose en placeres poco consistentes, sino que causa, asimismo, daño a la comunidad en general y, por tanto, es promotor de acciones malas o indebidas *(wrong)*.

El hombre insolidario, a su vez, no sólo se niega a participar en la promoción de la mayor felicidad del mayor número, no sólo obra erróneamente desde una perspectiva moral, sino que se condena a sí mismo a unos goces limitados, poco resistentes, poco sólidos. Sólo, propondrá Mill, cuando los hombres se encuentran en pie de igualdad, cuando se establecen relaciones cordiales y solidarias, es posible la armonía social, que garantiza la felicidad generalizada de los miembros de la comunidad, hermanados por los lazos de la mutua simpatía. Los ideales ilustrados de igualdad y fraternidad repiquetean y resuenan en la obra de Mill, no sólo como invitación a una vida mejor, moralmente hablando, sino como ingredientes insustituibles de la vida mejor (desde una perspectiva hedonista).

El ensayo de Mill titulado *Bentham* (1838) es sumamente significativo para comprender que la concepción de la felicidad en Mill tiene componentes platónicos, al menos en la misma medida que benthamitas. Como algún neoutilitarista contemporáneo ha sugerido, Mill es un utilitarista semiidealista, dando así a entender que el mundo de la felicidad no lo pone ni en cualquier cosa «física», si bien tampoco, por supuesto, en ninguna entidad «meta-física», sino en cosas terrenales que, dada la constitución del hombre y su participación en la vida en sociedad valen realmente la pena.

Por este motivo, los ataques vulgares y cotidianos al hedonismo utilitarista fallan en la diana cuando pretenden atacar a Mill. Simplemente no le rozan. Porque, evidentemente, lo ignoran, o tergiversan por completo el sentido de sus aseveraciones. El trabajo sobre Bentham debiera ser lectura obligada y punto de reflexión para quienes lanzan sus ataques contra uno de los hombres más pacíficos, cordiales y amantes de la virtud feliz y la felicidad virtuosa: John Stuart Mill. Como él, pocas veces ningún otro autor se ha mostrado tan sensible a lo que suele denominarse «dimensión espiritual» del hombre. Pocas veces ningún filósofo de la moral «exigió» un nivel moral tan elevado para conquistar la felicidad. En *Bentham,* utilizando la terminología contemporánea de las escuelas psicológicas «desarrollamentistas», sólo el hombre cuyas capacidades morales han sido previamente educadas y desarrolladas alcanza la felicidad. El hombre no encuentra su satisfacción más que en el autodespliegue que exige una vida rica en el desarrollo de potencialidades, así como en la satisfacción íntima e insustituible que deriva de la autoestima. Autoestima que, a diferencia de la concepción kantiana, no se produce en el ser humano únicamente en cuanto ser racional, sino en cuanto a la totalidad de sus componentes. No se prescinde de la sensibilidad, de los deseos y las pasiones, sino que éstas son el subsuelo donde se conforma nuestra personalidad. ¡Cuánto que gozar —afirmará Mill— en un mundo donde hay tanto que transformar, reformar, tantas injusticias que suprimir, tanto sufrimiento que eliminar, tanta belleza que construir!

La educación puramente racionalista de la que había sido víctima el joven Mill no logró sofocar la exquisita ternura y sensibilidad que habían de depararle fuentes de gozo y ayuda para superar sus crisis psicológicas. De modo parejo a Platón, la Belleza y el Bien se unen estrechamente, indisolublemente. Como en los ilustrados, o como en los reformistas, la justicia exige, a su vez, que los bienes sean compartidos. Pero la justicia no es fin, sino solamente medio.

Del talante moral y la sensibilidad de Mill es exponente elocuente su propia constatación del origen de su primera crisis psicológica. Según nos cuenta en su *Autobiografía* (1873), a partir del invierno de 1821, después de haber leído a Bentham y comenzado a editar la *Westminster Review,* Mill había puesto como meta de su vida cambiar y mejorar la sociedad. Mill había encontrado la felicidad en la lucha por hacer de este mundo un lugar de goce. El proyecto, los compañeros que lo compartían, eran motivos suficientes para garantizarle la felicidad. Hasta que, en otoño de 1826, Mill despertó bruscamente de su apacible ensueño. Se preguntó a sí mismo qué ocurriría en el caso hipotético de que sus proyectos de reforma alcanzaran su culminación. ¿Sería tan feliz en su consecución como lo había sido esforzándose por realizarlos? La respuesta inmediata y rotunda fue: No. Y Mill perdió el asidero que le unía a la vida. No era la contemplación de un mundo apaciblemente acomodado lo que le animaba a vivir, sino la lucha tensa por la producción del cambio deseado.

Comprendió, de pronto, que la lucha por la justicia era sólo un primer peldaño sobre el que había que ascender, si no se quería conducir a la raza humana a una existencia sin sentido. La libertad y la igualdad no eran suficientes, aun cuando fuesen necesarias premisas, puntos de arranque ineludibles. Pero el hombre, una vez liberado de sus servidumbres, tenía que encontrar el sentido de la belleza, entonar la melodía del mundo, beber el agua de las fuentes. El hombre tenía que aprender la música que brota de la poesía. Tenía que aprender a sentir, a simpatizar con sus semejantes, a comulgar con la naturaleza y los seres vivos. Los poemas de Wordsworth fueron la medicina que curó el ánimo desasosegado de Mill. La comunión con los semejantes, el desarrollo de los sentimientos, eran el fin, para el cual el razonamiento y la lógica, la justicia y las reformas, eran sólo medios, estimables, insoslayables, pero «medios».

En el último capítulo de *Un sistema de la lógica,* el Arte se alza sobre la Ciencia, no para avasallarla, o sobrepasarla, sino para culminarla, completarla y dotarla de finalidad. En el último capítulo de *El utilitarismo* la Felicidad se levanta sobre la Justicia, no para anularla ni disminuir su grandeza o su importancia en la vida moral, sino para esclarecer el orden de las prioridades finales. Ni la ciencia tiene sentido si no conduce a la Belleza y el Goce, ni la Justicia tendría razón de ser ni sería sentida como algo imprescindible para la vida humana si no caminase hermanada, hombro con hombro, con la búsqueda de una sociedad estable donde sea posible la felicidad general.

Quienes de antiguo han mostrado un ademán desdeñoso frente al utilitarismo, quienes le han negado el pan y la sal en el ámbito de la moralidad, o no han leído, o no han comprendido, o han querido comprender todo cuanto sobre la Justicia Mill ha escrito. Quienes, en el presente, proclaman teorías de la Justicia antiutilitaristas, o simplemente no utilitaristas, posiblemente tampoco hayan sabido, o querido, leer minuciosamente el capítulo final y magistral de *El utilitarismo*. Pues ocurre que, paradójicamente, a diferencia de otros sistemas éticos normativos, en *El utilitarismo,* cosa que suele ignorarse, la Justicia ocupa el lugar central. Lo que ocurre es que la dignidad de la justicia procede de su objetivo final, mientras que ella misma no constituye una meta o fin «último».

La capacidad analítica de Mill desentraña minuciosamente el sentido último de nuestros deseos, y la finalidad última de aquello que buscamos. La Justicia es el requisito imprescindible para que se den aquellas condiciones mínimas que hagan posible la búsqueda de los restantes bienes. La Justicia es a modo de soporte o base, es el entramado del tejido de la vida social. Y la vida social nos es necesaria para perseguir nuestros fines hedónicos. Hobbes, podríamos agregar nosotros, ya había resaltado el valor de la Justicia y la Imparcialidad, como fundamento sólido que permitiera una vida libre de desasosiego y temor. Mill, superando la visión «atemorizada» de Hobbes sobre la existencia humana, va a ver en la Justicia y la Imparcialidad no sólo los muros que contendrán la guerra y la disputa, sino los impulsores de cuanto pueda haber de gratificante en nuestra relación con los demás.

Es cuando menos *unfair* no reconocer en Mill el amor apasionado por la Justicia, así como su acalorada defensa de la libertad, como factor desencadenante de nuestras posibilidades de goce. En *Sobre la libertad* (1859), o en las *Consideraciones sobre el gobierno representativo* (1861), se presenta la vida humana como una obra de arte, en la que cada cual ha de asumir el papel más activo posible en la determinación de su ámbito de actuaciones.

Gran parte de las críticas dirigidas a Mill y su utilitarismo no habrían tenido lugar de haberse esforzado mínimamente sus detractores por comprender la concepción peculiarmente moral de la Felicidad que se esboza y se propugna en los trabajos de Mill. Bastaría no olvidar, con la facilidad con que se hace, las declaraciones de Mill en *Consideraciones sobre el gobierno representativo,* publicada sólo dos años antes de *El utilitarismo,* acerca de la no utilidad de un dictador benévolo, supuestamente sabio e imparcial que se encargase de promover la mayor felicidad del mayor número. De acuerdo con los presupuestos de Mill, el dictador sabio y benévolo resultaría totalmente inútil y su existencia indeseable, ya que su supuesto cometido sería inalcanzable. La felicidad que habría de promover no sería posible, ya que la felicidad es una conquista humana, fruto del desarrollo de las capacidades de autogobierno y de participación en la vida pública. La cuadratura del círculo sería más factible que el dictador benévolo fuera promotor de la mayor felicidad del mayor número. Sorprendería a muchos críticos empedernidos de Mill comprobar que a la hora de ponderar los «resultados» de la actuación del dictador benévolo no le preocupa tanto a Mill el tipo de obras útiles que podrían producirse bajo tal forma de gobierno, sino la categoría humana de los individuos así gobernados. A la pregunta de ¿qué tipo humano se produce en una dictadura benévola?, la respuesta de Mill es la de que se trata de un hombre al que se ha infringido no sólo un daño intelectual, al mermar sus capacidades de diálogo respecto a los asuntos públicos, sino incluso un deterioro en sus capacidades morales. Un gobierno de tal tipo, concluye Mill, no es en modo alguno un buen gobierno ya que, tal como el autor de *El utilitarismo* lo entiende, lo que justifica la acción de gobernar es el conseguir individuos mejores intelectual y moralmente hablando.

Resulta, sin duda, un hecho lamentable que las *Consideraciones sobre el gobierno representativo* hayan merecido tan escasa atención por parte de los detractores de Mill, que se apresuran a formular una serie de acusaciones vacías, totalmente fuera de lugar, que podrían haberse ahorrado sólo con leer con atención los trabajos de Mill, y no tomar de segunda o tercera mano las supuestas argumentaciones utilitaristas.

Todavía no es infrecuente hoy en día encontrar por parte tanto de personas supuestamente eruditas, como del hombre de la calle, acusaciones al utilitarismo que muestran a las claras un desconocimiento total del espíritu que animaba a John Stuart Mill.

Comentaré, de pasada, algunas de las más vulgares acusaciones, para pasar, gradualmente a otras más refinadas y sofisticadas. Así, se comenta vulgarmente que el utilitarismo, o doctrina de la máxima felicidad del mayor número, no puede ser moralmente válida, ya que nos llevaría a aplaudir la creación de un mundo tan deleznable como el caricaturizado por Huxley en su *Brave New World,* traducido al castellano, significativamente con el título de *Un mundo feliz.* La respuesta que surge inmediatamente es que el *Brave New World* de Huxley es realmente un mundo muy infeliz, donde la mayoría de los seres humanos simplemente se han adaptado y conformado a un sistema, se han «contentado» pasiva y estoicamente con su suerte, pero no parecen disfrutar en absoluto, como seres humanos plenamente desarrollados, de su existencia.

Es este un punto clave, además, que Mill tuvo buen cuidado en destacar en *El utilitarismo.* La felicidad que el utilitarista propone no es el simple *content,* el contento, la conformidad, el acomodo. La felicidad en Mill tiene una carga positiva y no meramente negativa. Supone sujetos activos que despliegan sus capacidades, no meros receptores de estímulos. Los que dicen, asimismo, que el utilitarismo es una doctrina propia de un «Estado benefactor», en el sentido peyorativo de que sólo es propia para producir seguridad-empleo y despreocupación, no entienden en absoluto la posición adoptada por Mill, para quien la «preocupación» por los demás, y no la seguridad propia, era la fuente mayor de satisfacciones.

Por supuesto que a Mill, como a tantos otros pensadores reformistas y revolucionarios, le preocupaban las mejoras «puramente materiales», pero como pocos otros quiso ir mucho más lejos, asegurándose de que se le proporcionase al hombre el tipo de libertades que promoviesen el desarrollo de su personalidad peculiar.

No se puede olvidar al leer *El utilitarismo* que la búsqueda de la felicidad general no es posible más que partiendo de la premisa de una solidaridad compartida. Cuando el credo neoliberal levanta, contemporáneamente, sus armas contra el «socialista cualificado» John Stuart Mill (como le denomina John M. Robson), lo hace pasando por alto que John Stuart Mill fue asimismo el promotor de la ideología liberal más progresista y revolucionaria que pudiera darse.

Las libertades de los individuos no son, no deben ser, sacrificadas. La libertad, como se demuestra sobradamente en la obra que sobre este tema escribió Mill, es un constitutivo indispensable de la felicidad personal. Pero los hombres pueden, deben tal vez, hacerse felices y libres participando en la promoción de la felicidad y libertad de los demás. Los individuos participan en la creación de la libertad. Se constituyen áreas de libertad para los demás, se practica la solidaridad, sin olvidarse de la tolerancia respecto a todos los que quieren tolerar la diversidad en pensamientos, concepciones, ideas. *El utilitarismo* y *Sobre la libertad* no son obras contrapuestas, ni obedecen a momentos distintos en el pensamiento de Mill. Yo diría, más bien, que se trata de temas complementarios, de suerte que la primera obra citada no puede ser comprendida sin la lectura de la segunda, ni a la inversa. El ámbito de la libertad es el ámbito de la felicidad. Y puesto que cada uno tiene derecho a la libertad/felicidad, es deber de todos no sólo no impedir que ese derecho sea disfrutado, sino todavía más, ayudar, propiciar y fomentar que cada uno pueda disfrutar más y más del derecho de ser feliz, asumiendo, a la vez, el deber de contribuir a la felicidad ajena, derecho y deber que, en la concepción de Mill, no son sino complementos dentro de una misma tarea.

Los autores neoliberales pueden acusar a Mill, si acaso, de su exceso de celo por la libertad, no de falta de preocupación por ella. Ya que ocurre en el caso de Mill, que a diferencia del «dejar ser libres» a los demás, el utilitarista es un hombre comprometido, que sabe que si se «deja» a la gente a su suerte es posible que nunca alcancen la libertad/felicidad. El utilitarista comprometido sabe que no es suficiente con no poner cortapisas, no basta con no frenar, sino que hay que fomentar y acelerar. El mundo debe ser cambiado, transformado. No basta con que cada cual viva «como quiera», porque, posiblemente, el hombre sin medios de fortuna, sin capital cultural, sin desarrollo de su intelecto, su sensibilidad, sus sentimientos, nunca va a poder gozar de la libertad (ni, por consiguiente, de la felicidad). El utilitarismo es, pues, algo más que una doctrina permisiva y tolerante. Es una doctrina de reforma y transformación, que compromete al hombre en la causa del hombre. La libertad, sin embargo, no sólo queda salvaguardada y protegida, sino potenciada y dinamizada.

Por lo demás, habría que matizar que «el utilitarismo no es un hedonismo», si se entiende «hedonismo» en su acepción más vulgar. Hacer lo que a cada uno le apetece cuando le apetece es algo que Epicuro rechazaría con no menos ímpetu y vigor que Mill. Se impone, para empezar, a nivel individual, un cálculo razonado y prudente de placeres, de modo que los sufrimientos y desventajas que acompañan al logro de algunos placeres no sobrepasen a las satisfacciones que de ellos se derivan.

Por lo demás, y rebasando a Epicuro, se impone en la doctrina utilitarista de Mill que en el cálculo de placeres y molestias contemos con los demás, como parte integrante de nuestro mundo, como seres sintientes y racionales cuya suerte no puede sernos indiferente. Y –el argumento de Mill no deja de ser coherente– si cuando contemplamos la felicidad desde el punto de vista individual no podemos menos que elogiar el sacrificio de los placeres triviales y menos intensos, en aras de los más profundos y de mayor alcance, cuando nos situamos en la posición del observador del conjunto social no podemos dejar de elogiar, en la presente precaria situación, que unos individuos sacrifiquen la satisfacción de deseos puramente personales, cuando ello redunda en un incremento de la felicidad general.

Es decir, si entrego más dinero al fisco y con ello contribuyo a que se construyan más escuelas, si al conformarme con una paga solamente decorosa, en vez de luchar por honorarios elevados, contribuyo a que más ciudadanos puedan disfrutar de los beneficios de unas viviendas mejor construidas, o disponer de medios de educación o transporte más adecuados habrá que considerar que, desde el punto de vista de todos los implicados, mi actuación es más ventajosa, más útil, más loable, que la de quien, por pensar únicamente en su felicidad, obstaculiza o no promociona el logro de la felicidad de los demás. La única acusación coherente realizada a Mill desde una perspectiva neoliberal sería, no la de poner en solfa la libertad, sino la de condicionarla a la solidaridad. Más aún, el posible nerviosismo y malestar que puede producir Mill en círculos neoliberales tendrá que deberse, sin dudar, al desenmascaramiento sutil que sin aspavientos grandilocuentes, sin anuncio de grandes denuncias, o amenaza de graves convulsiones sociales, realiza Mill desde su «ética para la paz». La obra de John Stuart Mill denuncia, efectivamente, que la libertad individualista es un fraude a la comunidad, e incluso más, un fraude para el propio individuo que se condena al aislamiento y la incomunicación, y se incapacita para el «goce comunicativo» (como podríamos decir parafraseando la corriente contemporánea de la ética «dialógica» o «comunicativa»).

Por supuesto que resulta difícil justificar «lógicamente» el paso del hedonismo egoísta al hedonismo universal. Difícil a primera vista, y a tenor de lo que pueda entenderse por justificación lógica. Como el propio Mill reconoce, el utilitarismo parte de un primer principio que justifica su sistema normativo, y que él mismo no se puede justificar, al menos en el sentido ordinario de «justificar», ya que es propio de los primeros principios de la ciencia y la moralidad, por igual, el carecer de tales tipos de «prueba» o «justificación». Lo único que se puede hacer, y en esto Mill da pruebas de gran sutileza, es presentar ante el entendimiento una serie de consideraciones que puedan movernos a aceptar o rechazar el principio propuesto, tal como se indica en el capítulo 1 de *El utilitarismo,* o se insiste nuevamente en el capítulo 4 de la misma obra.

En rigor, toda la filosofía moral no ha consistido, históricamente, sino en «abogar» por una causa, presentando ante el intelecto y la sensibilidad consideraciones que pudieran movernos en uno u otro sentido. El hombre quiere ser feliz, afirmará Mill, para agregar seguidamente que ello justifica que la felicidad sea deseable como tal. El paso de la búsqueda personal de la vida gozosa al compromiso social en la promoción de la libertad y la felicidad ajenas se realiza sutilmente, a costa de premisas implícitas, que pueden ser fácilmente detectadas y recuperadas. ¿No es bastante razón para que un individuo con capacidad racional y sensibilidad desarrollada suficiente se ocupe de la felicidad y libertad de los demás, el hecho de que los demás busquen y quieran ser felices?

Por supuesto que, aun explicitadas las premisas ocultas, ellas no darían lugar, de acuerdo con el método lógico, a un corolario irrefutable. Como Hume había demostrado, son las «pasiones tranquilas» la fuente de nuestra vida moral, y no «razones» de una u otra índole. ¿No nos conmociona, de alguna manera, el saber que otros sufren por nuestro descuido o indiferencia y que dedicar algún tiempo, sacrificar algún tipo de ganancia material o de otra índole puede implicar que se mejore la suerte de otros humanos? Tal vez, aunque sólo tibiamente, «sintamos» que es justo que los demás puedan acceder a la libertad y a la felicidad en las mismas condiciones. Tal vez, aunque sólo soterradamente, «sintamos» que no es justo que a unos les sea dado más, por la naturaleza, por la sociedad, o por cualquier tipo de agencia providencial, que a otros. La «prueba» del utilitarismo descansa, en última instancia, en su adecuabilidad o no adecuabilidad a determinados sentimientos o actitudes humanas. Mill, de alguna manera, barruntó que la lógica y la racionalidad en sentido restringido no podían acudir en su defensa, ni en la de su doctrina; aun sin llegar tan lejos como Hume puede decirse que le salió al encuentro para recoger parte del importante legado de los moralistas británicos del sentimiento moral.

Sea cual sea nuestro grado de asentimiento a la doctrina utilitarista, lo que sí no podemos reprocharle, por supuesto, es que sea una doctrina particularmente falaz, o precariamente justificada desde un punto de vista lógico. En rigor, el problema de la justificación de la ética utilitarista es el problema de la justificación de cualquier tipo de ética normativa, y la salida de Mill es lo suficientemente airosa para salvaguardar la «razonabilidad» de la ética, sin postular, necesariamente, su acomodo al modelo lógico deductivo o a los métodos de justificación al uso en el quehacer científico.

Sería inacabable la relación de acusaciones vertidas sobre ese pequeño libro titulado *El utilitarismo,* que habría de levantar tal polvareda de críticas y tanto rechazo debido a la incomprensión, a lo largo de más de un siglo de historia de la filosofía moral.

Sin entrar en detalles, bastará comentar algunos ejemplos típicos de acusación, que se han hecho ya clásicos: el problema de la mentira cuando produce beneficios, o el cumplimiento de promesas hechas en islas desiertas que podría resultar inconveniente o poco «útil» para la sociedad en general. El caso, asimismo, de la comunidad sadomasoquista en la que unos cuantos sádicos encuentran gran placer en causar dolor a un individuo, o varios individuos, que disfrutan con ello. O el caso de la víctima inocente que se ofrece a la sociedad, o que la sociedad ofrece, para evitar un levantamiento, una guerra, sofocar una sublevación, etc. De modo resumido, podíamos decir que tal tipo de acusaciones se reducen de momento a dos: 1) el utilitarismo no salvaguarda las reglas morales que consideramos más sagradas, y 2) el utilitarismo no respeta los derechos inalienables del individuo a disfrutar de una libertad igual a la de los demás.

Acusaciones a las que sería conveniente añadir otras de índole un tanto diversa que podrían formularse, abreviadamente, más o menos así: la apropiación indebida de determinados bienes no utilizables por nadie en un momento determinado, por parte de un individuo, podría producir mayor felicidad general que su no apropiación, lo cual haría que tal acción fuese recomendable de acuerdo con los principios utilitaristas, si bien *prima facie* parece darse de bruces con nuestros conceptos más elementales de justicia y equidad.

Este último tipo de acusaciones que podrían, en principio, agruparse conjuntamente con las del tipo 1), por referirse al incumplimiento de una regla sagrada en nuestra comunidad, tal vez merezcan, en atención a la importancia de la regla contravenida, un apartado especial 3), relativo a la consideración de que el utilitarismo no garantiza la equidad ni la igualdad en el trato, tema que nos hará retomar tal vez algunas argumentaciones y contraargumentaciones relativas a la posible vinculación/desvinculación entre Utilidad y Justicia.

Para empezar, el primer tipo de acusaciones no tiene en cuenta más que una única variedad del utilitarismo clásico, no necesariamente la única defendida por Mill; es decir, tales acusaciones se refieren exclusivamente al «utilitarismo del acto», que juzga la bondad o maldad de las acciones conforme a la suma total de beneficios que de ellas se derivan, sin apelar a ningún tipo de reglas. El «utilitarismo de la regla», por el contrario, no sería susceptible de este tipo de críticas. Las promesas en general habrían de ser obedecidas, la verdad respetada, prohibida la insinceridad, aun cuando en casos determinados se considerase «conveniente», «ventajoso» *(expedient),* desde el punto de vista particular, el quebrantar la promesa, el faltar a la verdad o el recurrir a la ocultación y al engaño. Y ello, por la sencilla razón de que decir la verdad y cumplir las promesas son actos que se encuadran dentro de tipos de normas que generalmente producen una mayor utilidad.

Es verdad que, a diferencia de las éticas deontológicas, donde unas normas o valores se presentan como incuestionables y sagrados, las normas morales todas, de acuerdo con el principio de la utilidad, derivan su áurea de santidad y respetabilidad de la suma de beneficios que de su cumplimiento se siguen para el bienestar general. Pero este su origen terreno, mundano, empírico, «material», no obsta para que, una vez establecidas unas normas como útiles y correctas, no demanden tanto respeto como cualquier norma de origen supuestamente sobrehumano pudiera demandar.

El utilitarista de la norma, y Mill lo es en una buena medida, considera que el legado moral de la humanidad es una riqueza que no podemos tirar por la borda, sin más. No somos esclavos de las normas, pero tampoco salimos al mar de la vida, utilizando la metáfora de Mill, desprovistos de toda suerte de orientación, ni intentamos inventar por nosotros mismos lo que la experiencia de la humanidad ha ido acumulando como un tesoro de sabiduría práctica. Por supuesto que las normas no son inamovibles y que existen casos particulares en los que no sólo habrá que reformarlas y mejorarlas, sino poner alguna de ellas en suspenso, en atención a consideraciones utilitarias. Así, para salvar la vida de un inocente, a quien persigue un maníaco o un fanático, o para librar a una persona de sufrimientos inmerecidos, el principio utilitarista permite poner en suspenso la regla de la veracidad, como Mill indica en el capítulo 2 de *El utilitarismo*.

Pero las excepciones son eso, precisamente, lo excepcional. En las actuaciones ordinarias de la vida, el hombre debe confiar en el buen sentido que tradicionalmente ha ido seleccionando unas normas de conveniencia que han superado la prueba de los siglos. Lo cual no implica, ni mucho menos, la reverencia al pasado o el culto a la tradición. Las normas generales han de ser examinadas y el tribunal de la Utilidad ha de dictar su veredicto. La única cautela que exige Mill es que no se deje al mero arbitrio de un individuo particular en qué casos debe quedar en suspenso una norma generalmente admitida como útil. Y esto, precisamente, por razones de utilidad. Un individuo en apuros, presionado por determinadas circunstancias, puede considerar «útil» la mentira, el incumplimiento de promesas y demás. Un individuo egocéntrico puede pensar que si el incumplimiento de una regla general en un caso particular le depara ventajas, es útil el incumplimiento general de dicha norma. Aquí Mill no presiona sobre la libertad particular, ni siquiera sobre la libertad moral. Lo único que el utilitarismo recomienda es ponderación y prudencia en los juicios, a fin de respetar el libre ejercicio de las actividades de los demás. Que los demás sean también libres para obtener ventajas y beneficios, y que nadie se erija en juez de su propia causa, por razones obvias.

La crítica que se le dirige al utilitarismo mediante la formulación del caso hipotético, y un tanto pintoresco, de aquel que ha sido depositario de la última voluntad de un acaudalado moribundo en una isla desierta, merece una breve consideración. Se supone, por parte de los críticos, que si alguien me confía su última voluntad es mi deber moral hacer lo posible para que así se cumpla. Por otra parte, se supone también que si soy un utilitarista consistente y considero que el emplear la fortuna del fallecido y solitario millonario en crear una facultad universitaria, un hospital, etc., en lugar de entregarla a la «Asociación de amigos de la buena mesa», tal como fue la voluntad del difunto, pudiera suponer un incremento notable de la felicidad general, de acuerdo con mi credo utilitarista decidiré incumplir la promesa formulada ante un moribundo.

Ahora bien, las acusaciones dirigidas al utilitarismo de Mill son, en este caso, totalmente infundadas. En ningún lugar de *El utilitarismo* se lee que se produzca mayor felicidad general con la creación de facultades universitarias, o centros hospitalarios, que con cumplir la voluntad de los moribundos, por caprichosa que ésta sea. En última instancia, el utilitarista, al igual que el que profese cualquier otro credo moral, en una situación tan artificial como la que se plantea, se encontraría ante el dilema de decidirse entre dos normas igualmente útiles, e igualmente recomendables: respetar la voluntad de cada individuo respecto al destino futuro de sus propios bienes, o invertir tal suma de dinero en aquello que parezca producir mayores ventajas sociales.

Sería un grueso error considerar que un utilitarista tendría que elegir inevitablemente el incumplimiento de la promesa realizada, pues bien pudiera ocurrir que llegara a la conclusión de que, tomados en cuenta todos los factores relevantes, es más feliz una sociedad en la que se respeta la voluntad de los muertos que la que obtiene mejoras sanitarias o un mayor nivel cultural.

Por supuesto que los problemas planteados al realizar promesas en islas desiertas presentan una serie de sutiles complicaciones que el objetor del utilitarismo suele pacientemente ir desgranando, como muestra de pericia en su tarea. ¡Para un utilitarista –al parecer– no debe tener sentido cumplir una promesa cuando aquella persona a la que se la hicimos ya no está para disfrutar con ello, cuando además nadie conoce nuestro compromiso y, por tanto, no puede nuestra conducta presentar carácter ejemplar en modo alguno, ni siquiera contraejemplar, si dejamos de cumplirla!

Mantienen tenazmente los antiutilitaristas que un utilitarista coherente, consecuente y congruente, no tendrá más remedio que olvidar que realizó una promesa y llevar a cabo aquel tipo de acción que produzca «mayor felicidad al mayor número».

El problema planteado con relación a las promesas realizadas en islas desiertas puede parecer pueril, y muestra únicamente de los productos de que son capaces las mentes ociosas ocupadas en la filosofía moral. Sin embargo, el ejemplo de la isla desierta es un caso interesante de «laboratorio filosófico» que pudiera servir, al parecer, como prueba de fuego para la pureza moral del credo utilitarista. Por lo demás, las objeciones que se formulan a tenor de tal situación ficticia presentan el interés adicional de poner de manifiesto la falta de comprensión popular y académica del sentido y meta de la filosofía que busca la mayor felicidad. Se diría que los objetores del utilitarismo son pragmatistas de la más baja estofa, para quienes los bienes y la felicidad son objetos que se suman y se restan en sus libros de registro. Si partimos de supuestos, en cambio, como los de Hume, por ejemplo, o los de Adam Smith, «simpatizamos» incluso con los muertos, como cuestión fáctica, y no podríamos sentirnos a gusto defraudando la confianza que alguien ha depositado en nosotros, por ridículas y torpes que hayan sido las disposiciones que nos haya dado para el uso de su fortuna. El mundo entero puede ignorar que yo he hecho una promesa en una isla desierta, pero *yo* conozco el hecho, y mis relaciones conmigo mismo pueden exigir que por motivos hedonistas universales haga efectiva la última y extravagante voluntad de un moribundo. Tal vez, por errónea que mi apreciación sea, considero que el mundo sería más feliz a la larga si todos actuásemos como yo me propongo actuar.

Las acusaciones que he agrupado en el apartado 2) contienen sugerencias interesantes: el utilitarismo no parece respetar los derechos inalienables de las personas. Por ejemplo, recordemos una vez más, contamos con los casos de las relaciones sadomasoquistas, en las que un individuo sufre vejaciones y sufrimientos, no obstante, dado que disfruta con ellas, la multiplicación de tales situaciones propiciaría la producción de una mayor suma de felicidad. Lo cual, esperan demostrar los objetores del utilitarismo, pone de manifiesto claramente que la «moral» no guarda relación con la promoción de la felicidad.

Posiblemente algún tipo peculiar de filosofía hedonista quedaría en entredicho ante este tipo de dificultades. El utilitarismo de Mill claramente no. Porque la idea de felicidad de Mill, como la de casi todos los hedonistas filósofos dignos de tal nombre, depende de su idea de la naturaleza humana y del tipo de relaciones que producen bienestar entre los hombres. Por supuesto que si, por hipótesis, las relaciones sadomasoquistas fueran las que produjeran una sociedad más armónica y una satisfacción más profunda, no veo qué se les podría objetar «moralmente». Es, precisamente, porque al menos el común de los mortales no podemos gozar cuando somos humillados, por lo que, y a causa del sentimiento de *sympatheia,* no podemos concebir como «felicidad» aquella que se deriva de relaciones tales como las que son típicas del sadomasoquismo. Mill es totalmente consistente con el hedonismo cuando postula la superioridad de unos placeres sobre otros. Quienes no lo entienden así es porque, insisto, pasan por alto que toda concepción de la felicidad supone una elección entre distintas situaciones placenteras, conforme a aquello que se postula como más acorde con lo que el moralista o filósofo cree que constituye la base de la naturaleza o la condición humana.

Reflexiones semejantes a las que he realizado se aplicarían a los tipos restantes de acusaciones. El utilitarismo consecuente no tiene por qué sacrificar víctimas inocentes en bien de una comunidad o un grupo, pues sería una comunidad muy poco feliz, desde la perspectiva de Mill, aquella en que tal tipo de actuación se considerase deseable. Para empezar, nadie se sentiría seguro en el disfrute de sus bienes, de su libertad/felicidad. Para continuar, nadie podría disfrutar de su parcela de libertad, de seguridad o de paz, sabiendo que había sido adquirida al precio del sacrificio indebido de alguien.

Quizá ya a estas alturas la paciencia del lector antihedonista haya llegado a su término. ¿Cómo –preguntará– puede hablarse de la mayor felicidad del mayor número como principio moral cuando, a la postre, se descartan muchos tipos de felicidad y sólo se queda uno prácticamente con ejemplos de «felicidad moral»?

Para empezar, no es «sólo» la felicidad moral, sino «también» la felicidad moral la que cuenta en *El utilitarismo*. Desde Godwin, en el siglo XVIII, ha quedado bien claro que el hombre disfruta con su cuerpo, con su imaginación, con su sensibilidad, con su mente. Y con sus buenas obras también. La ventaja de la concepción de la felicidad de Mill es que sin ser «espiritualista» no desdeña el espíritu como la fuerza vital, y sin ser «materialista» no olvida que nuestros cuerpos y nuestros deseos no pueden ser olvidados. Quienes reprochan a Mill su concepto supuestamente ambiguo de felicidad habrían de preguntarse tal vez si el suyo no es demasiado estrecho, excesivamente restringido, innecesariamente excluyente de muchas facetas humanas que hay que tener en cuenta si se quiere hacer justicia a lo que un hombre con un mínimo de talento y sensibilidad «necesita» para ser dichoso.

Para finalizar, las críticas que he «aparcado» en el apartado 3) merecerían un examen mucho más extenso de lo que es aconsejable en este lugar. Pensar que «sumas iguales» de felicidad son igualmente válidas, sin importar cómo se distribuya la felicidad, es algo que no se compagina con *El utilitarismo*. Baste leer el capítulo final de la mencionada obra, en donde se insiste en que la imparcialidad está en el corazón de dicha doctrina ética. Tal vez, si acaso, habría que acusar a Mill de no haber sido suficientemente explícito al respecto. Su fallo, o su «ingenuidad», si así quiere tomarse, consistió en dar por descontado que nadie puede ser feliz haciendo daño a los demás, o aprovechando una situación de privilegio. Para Mill la Felicidad y la Justicia constituían una unidad inseparable, y le costaba imaginar placeres humanos distintos a los que un hombre justo pudiera disfrutar. Quizá no explicó convenientemente que su concepto de «felicidad» no venía determinado por lo que los hombres pudiesen desear en un momento dado, sino por lo que se esperaba que pudiesen desear cuando desarrollasen sus capacidades genuinamente humanas.

Los detractores del utilitarismo contraargumentarán, y no les falta razón, que definir «capacidades humanas», definir la «felicidad», significa introducir en el discurso enunciados claramente valorativos. En eso, indudablemente, Mill erró cuando creyó que lo «deseado» sin más podía generar lo «deseable». Los hombres, posiblemente, ni siquiera desean su propia felicidad. Posiblemente la raza humana se olvida con demasiada frecuencia de lo que le interesa.

Tendría que haber precisado Mill que a veces los hombres no desean lo que «debieran» desear. Que se equivocan respecto a sus deseos vitales, objeto de estudio de la Moralidad, tanto como con respecto a sus creencias relativas al mundo de los hechos que estudia la ciencia. La noción de «calidad de los placeres» fue, sin embargo, una importante y notable precaución introducida por Mill, ya que con la misma se reconocía que no todos los que gozaban en todos los casos gozaban por igual. Que existían una serie de placeres más «deseables», aunque, tal vez, dato que Mill omitió reseñar, no más deseados, como hecho fáctico.

En *El utilitarismo* de Mill, como no es menos de esperar de una obra de filosofía moral, no se encuentran tan sólo enunciados de hecho, sino valoraciones explícitas e implícitas respecto al mundo, la humanidad y la felicidad. El mérito de Mill, y no es cosa de poca monta, radica en que supo combinar inteligentemente los datos que le ofrecía la experiencia, para formular, proponer, imaginar, un mundo que resultase más deseable, una convivencia que apareciese como más satisfactoria y más gozosa. Su andadura por el mundo del «deber», por la esfera de los «valores», no le apartó de sus contactos con el mundo de los hechos y las realidades. En él quizá, como en pocos autores, se pone de manifiesto que la realidad y la moralidad no son ámbitos aparte, sino momentos distintos de esa sinfonía inacabable, incompleta, perfeccionable y apasionante, que constituye para muchos de nosotros el mundo de la ética.

Esperanza Guisán
Santiago de Compostela, marzo de 1984

Bibliografía

Obras de John Stuart Mill

Autobiografía, Madrid, Alianza Editorial, 1986. Traducción, prólogo y notas de Carlos Mellizo.
Capítulos sobre el socialismo y otros escritos, Madrid, Aguilar, 1979. Introducción, traducción y notas de Dalmacio Negro Pavón.
Consideraciones sobre el gobierno representativo, Madrid, Alianza Editorial, 2001. Traducción, prólogo y notas de Carlos Mellizo.
De los cuatro métodos de indagación experimental, Valencia, Departamento de Lógica de la Universidad de Valencia, 1980 (Cuadernos Teorema: Serie de Filosofía de la Ciencia, 22).
Ensayo sobre algunas cuestiones disputadas en economía política, Madrid, Alianza Editorial, 1997, estudio preliminar de Carlos Rodríguez Braun.
La Naturaleza, Madrid, Alianza Editorial, 1998. Prólogo y traducción de Carlos Mellizo
La utilidad de la religión, Madrid, Alianza Editorial, 1986. Traducción, introducción y notas de Carlos Mellizo.

Liberalismo y socialismo, Madrid, Ediciones Pirámide, 1996, Selección y estudio de Carlos Rodríguez Braun.
Principios de economía política, México, FCE, 1978.
Sobre la libertad y comentarios a Tocqueville, Madrid, Espasa-Calpe, 1991. Edición de Dalmacio Negro Pavón. Traducción de Cristina García Cay.
Sobre la libertad, con prólogo de Isaiah Berlin, Madrid, Alianza Editorial, 1999 (1970). Traducción de Patricio de Azcárate.
Sobre la libertad (Con Un Ensayo de Isaiah Berlin), prólogo de Pedro Schwartz, álbum de Carlos Mellizo, Biblioteca Alianza Editorial 30 Aniversario, Madrid, Alianza Editorial, 1998.
MILL, J. S. y TAYLOR MILL, Harriet: *Ensayos sobre la igualdad sexual,* Ensayo introductorio de Alice S. Rossi, Barcelona, Península, 1973, 288 pp. Traducción del inglés de Pere Casanelles.

Bibliografía especializada

GUISÁN SEIJAS, Esperanza, «John Stuart Mill. Un hombre para la Libertad», *Agora,* 1988 (6), 169-174.
—, «El utilitarismo», en V. Camps (ed.), *Historia de la Ética (Vol. 2: La ética moderna),* Barcelona, Crítica, 1992, pp. 457-499.
—, «El utilitarismo, hoy», *Iglesia Viva,* 102 (1982), 553-558.
—, «El utilitarismo y la falacia naturalista», en *Cómo ser un buen empirista en ética,* Santiago de Compostela, Universidad de Santiago de Compostela, 1985, pp. 83-108.
—, «Utilitarismo», en V. Camps, O. Guariglia y F. Salmerón, *Concepciones de la Ética,* Madrid, Trotta, 1992, pp. 269-295.
GUTIÉRREZ, Gilberto, «La estructura consecuencialista del utilitarismo», *Revista de Filosofía (3.ª época),* vol. III (1990), núm. 3, pp. 141-174.

HART, H. L. A., «Derechos Naturales: Bentham y John Stuart Mill», *Anuario de Derechos Humanos,* 1984-1985, pp. 137-162.

MIGUEL, Ana de, «Autonomía y conducta desviada: El problema del paternalismo en la obra de John Stuart Mill», *Telos. Revista Iberoamericana de Estudios Utilitaristas,* 1994, 3 (2), pp. 59-70.

NEGRO PAVÓN, Dalmacio, *Liberalismo y socialismo: la encrucijada intelectual de Stuart Mill,* Madrid, Instituto de Estudios Políticos, 1975.

PARDO BAZÁN, Emilia, «Stuart Mill», *Telos. Revista Iberoamericana de Estudios Utilitaristas,* 1992, 1, pp. 145-158.

SCHWARTZ, Pedro, *Distribución e Instituciones en J. S. Mill,* Madrid, Instituto «Sancho de Moncada», 1964.

—, *La nueva economía política de John Stuart Mill,* Tecnos, Madrid, 1968.

El utilitarismo

1. Observaciones generales

Existen pocos factores entre los que determinan que el estado actual del desarrollo del conocimiento no sea todo lo bueno que cabría esperar, y que más influyan en el retraso en que todavía se encuentra la especulación que se ocupa de los temas de mayor relevancia, como el escaso progreso realizado en la resolución de la controversia en torno al criterio de lo correcto *(right)* y lo incorrecto *(wrong)*.

Desde los inicios de la Filosofía, la cuestión relativa al *sumum bonum* o, lo que es lo mismo, la cuestión relativa a los fundamentos de la moral, ha sido considerada como el problema prioritario del pensamiento especulativo, ha ocupado las mentes más privilegiadas y las ha dividido en sectas y escuelas, provocando una guerra encarnizada entre unas y otras. Después de más de dos mil años continúan teniendo lugar las mismas discusiones. Los filósofos siguen alineados bajo las mismas banderas rivales y ni los pensadores ni la humanidad en general parecen haberse aproximado un tanto más en la actualidad a un parecer unánime sobre el tema, que cuando el joven Sócrates escuchaba al viejo Protágoras y mantenía (si el diálogo de Platón está basado en una conversación real) la teoría del utilitarismo frente a la moral popular mantenida por los denominados sofistas.

Es cierto que se da un confusionismo e incertidumbre semejantes, y en algunos casos un desacuerdo semejante, respecto al primer principio de toda ciencia, sin exceptuar aquella que se considera la más sólida de todas: las matemáticas, sin que ello merme demasiado, en realidad normalmente sin que merme en absoluto, la confianza que otorgamos a las conclusiones de tales ciencias. Se trata de una clara anomalía, que tiene su explicación en el hecho de que las doctrinas de una ciencia no dependen para su existencia de los que se denominan sus primeros principios. De no ser así, no existiría una ciencia más precaria, o cuyas conclusiones fueran derivadas de un modo más insuficiente, que el álgebra, cuya certeza no depende en absoluto de lo que es enseñado a sus aprendices como sus elementos, ya que éstos, como han establecido algunos de sus maestros más eminentes, contienen tanta carga de ficción como las leyes inglesas y tantos misterios como la teología.

Las verdades que son aceptadas en último término como los primeros principios de una ciencia son, en realidad, los resultados finales del análisis metafísico practicado con relación a las nociones elementales de las que trata la ciencia, y su relación con la ciencia no es la que se da entre los cimientos y el edificio, sino entre las raíces

1. Observaciones generales

y el árbol que pueden realizar su tarea igualmente bien aunque nunca se excave en ellas y se expongan a la luz.

Pero aunque en la ciencia las verdades particulares preceden a la teoría general, ha de esperarse lo contrario en artes prácticas tales como la moral o la legislación. Todas las acciones tienen como motivo algún fin, por lo que parece natural suponer que las reglas de las acciones dependen, en lo que a su carácter y peculiaridades concierne, al fin al que están subordinadas.

Cuando perseguimos un propósito, un concepto claro y preciso de lo que buscamos debería ser lo primero que necesitásemos y no lo último que hemos de determinar. Un criterio *(test)* de lo que es correcto e incorrecto debe constituir el medio, habría que pensar, de determinar lo que es correcto e incorrecto, y no ser la consecuencia de haberlo determinado de antemano.

Esta dificultad no se salva recurriendo a la conocida teoría que mantiene la existencia de una facultad natural, un sentido o instinto, que nos indica qué es lo correcto y lo incorrecto. Al margen de que la existencia de tal instinto moral es, precisamente, una de las cuestiones en litigio, aquellos que creen en él y que tienen alguna pretensión de filósofos se han visto obligados a abandonar la idea de que tal instinto discierne qué es correcto e incorrecto en los casos particulares que nos traemos entre manos, al modo en que nuestros restantes sentidos disciernen los objetos visibles o los sonidos realmente existentes.

Nuestra facultad moral, de acuerdo con todos aquellos de sus intérpretes que merecen el título de filósofos, nos proporciona únicamente los principios de nuestros juicios morales; es una derivación de nuestra razón, no de nuestra facultad sensitiva y debe ser tomada en cuenta con relación a las doctrinas abstractas de la moralidad, no para su percepción en casos concretos. Tanto la corriente del intuicionismo ético como la denominada inductivista insisten en la necesidad de leyes generales. Ambas concuerdan en que la moralidad de una acción individual no es cuestión de percepción directa, sino de la aplicación de la ley a un caso particular. Reconocen también, en gran medida, las mismas leyes morales pero difieren con relación a la evidencia y las fuentes de las que se deriva su autoridad.

Conforme a los unos, los principios de la moral son evidentes a priori, no precisando de ninguna otra cosa para exigir asentimiento que la comprensión del significado de los términos. Según la otra doctrina, lo correcto y lo incorrecto, así como la verdad y la falsedad, son cuestión de observación y experiencia. Sin embargo, ambas mantienen por igual que la moralidad debe deducirse de principios, afirmando con la misma firmeza la corriente intuicionista como la inductivista que existe una ciencia de la moral. No obstante, estas doctrinas casi nunca intentan elaborar una lista de los principios a priori que han de servir como premisas de la ciencia; y todavía con mucha menor frecuencia hacen esfuerzo alguno para reducir tales principios diversos a un primer principio o fundamento común de la obligación. Ya bien presuponen a los preceptos ordinarios de la moral dotados de una autoridad a priori, o de lo contrario establecen como base común de tales máximas alguna generalidad que

1. Observaciones generales

presenta una autoridad mucho menos evidente y que nunca ha conseguido granjearse la aceptación popular.

Con todo, a fin de apoyar sus pretensiones, debe existir algún principio o ley fundamentales únicos o, de no ser así y existir varios, debe darse un orden determinado de prioridad entre ellos; y el principio o regla únicos para decidir entre los diversos principios cuando entran en conflicto debe ser autoevidente.

Investigar en qué medida se han mitigado en la práctica los efectos perniciosos de esta deficiencia, o hasta qué punto las creencias morales de la humanidad se han visto viciadas o falseadas a causa de la ausencia de tipo alguno de reconocimiento claro de un criterio último, implicaría una revisión crítica completa de las doctrinas éticas del pasado y del presente. Sin embargo, sería fácil demostrar que el grado, por pequeño que sea, de firmeza y consistencia que han alcanzado estas creencias morales se ha debido principalmente a la influencia de un criterio no reconocido explícitamente. Así pues, aunque el no reconocimiento de un primer principio explícito ha hecho de la ética, más que una guía moral, la consagración de los sentimientos que los hombres poseen, con todo, dado que los sentimientos de los hombres, tanto favorables como adversos, se ven fuertemente influidos por lo que los humanos suponen que son los efectos de las cosas en su felicidad, el principio de utilidad, o como Bentham le denominó últimamente, el principio de la mayor felicidad, ha contribuido grandemente a la formación de las doctrinas morales, incluso de las de aquellos que con más desprecio rechazan su autoridad. Del mismo modo, tampoco existe ninguna corriente de pensamiento que se niegue a admitir que la influencia de las acciones en la felicidad es una de las consideraciones más decisivas, e incluso predominantes, por lo que respecta a muchos detalles de la moral, por mucho que se resistan a reconocer esto como el principio fundamental de la moralidad y la fuente de la obligación moral.

Yo podría ir mucho más lejos y afirmar que las argumentaciones utilitaristas son indispensables para todos aquellos moralistas a priori que consideran la discusión racional necesaria en algún sentido. No es mi propósito aquí el criticar a tales pensadores, pero no puedo menos que referirme, a modo de ilustración, a un tratado sistemático de uno de los más ilustres de ellos: *La metafísica de las costumbres* de Kant. Este hombre insigne, cuyo sistema de pensamiento seguirá siendo durante mucho tiempo uno de los hitos de la historia de la especulación filosófica, de hecho, en el tratado en cuestión, establece un principio universal como origen y fundamento de la obligación moral. Dice así: «Obra de tal modo que la regla conforme a la que actúes pueda ser adoptada como ley por todos los seres racionales». Pero cuando comienza a deducir a partir de este precepto cualquiera de los deberes relativos a la moralidad, fracasa, de modo casi grotesco, en la demostración de que se daría alguna contradicción, alguna imposibilidad lógica (y ya no digamos física) en la adopción por parte de todos los seres racionales de las reglas de conducta más decididamente inmorales. Todo lo que demuestra es que las *consecuencias*[1] de su adopción universal serían tales que nadie elegiría que tuvieran lugar.

En la presente ocasión intentaré, sin más discusiones relativas a otras teorías, contribuir en alguna medida a la comprensión y apreciación de la teoría «utilitarista» o de la «felicidad», y a proporcionar la prueba que pueda darse de ella. Es evidente que no puede tratarse de una prueba en el sentido ordinario y popular del término. Las cuestiones relativas a los fines últimos no son susceptibles de prueba directa[2]. Para demostrar que algo es bueno debe mostrarse que constituye un medio para conseguir algo que se admite que es bueno sin recurrir a prueba. Se demuestra que el arte médico es bueno por conducir a la salud; pero ¿cómo es posible demostrar que la salud es buena? El arte musical es bueno por la razón, entre otras, de que proporciona placer; pero ¿qué prueba es posible ofrecer de que el placer es bueno? Por tanto, si se mantiene que existe una fórmula comprensiva que incluye todas las cosas que son buenas en sí mismas, y que todo lo bueno restante no lo es en cuanto fin sino en tanto que medio, la fórmula puede ser aceptada o rechazada, pero no depende de lo que normalmente se entiende por prueba.

---

1. Se plantea aquí uno de los dilemas más interesantes de la ética normativa. A saber, si es posible una ética deontológica que haga abstracción de las «consecuencias» de los actos realizados. La respuesta de Mill es, como puede apreciarse, que incluso la ética kantiana para cobrar algún sentido debe ser interpretada en sentido teleológico, como ética de fines y consecuencias.
2. Un aserto semejante respecto a la no demostración racional de los fines puede verse en el libro VI, cap. XII de *A System of Logic,* de Mill, cuya traducción incluimos en este volumen.

No hemos de inferir, sin embargo, que su aceptación o rechazo haya de depender del impulso ciego o la elección arbitraria. Existe un significado más amplio de la palabra «prueba», según el cual esta cuestión es tan susceptible de ser probada como cualquier otra de las cuestiones más polémicas de la filosofía. El tema es susceptible de conocimiento mediante la facultad de la razón y, por ende, tampoco esta facultad se enfrenta con él solamente vía intuición. Pueden ofrecerse consideraciones que permiten lograr que el intelecto otorgue o deniegue su aprobación a esta doctrina; y ello equivale a una prueba.

Examinaremos ahora de qué tipo son estas consideraciones, en qué sentido aplican al caso y qué fundamento racional puede proporcionarse, por consiguiente, para aceptar o rechazar la fórmula utilitarista. Pero es condición previa a la aceptación o rechazo racionales el que la fórmula sea correctamente entendida. Yo creo que la muy imperfecta idea que se posee de su significado constituye el obstáculo principal que impide su admisión, y aunque sólo se consiguiera corregir sus más burdas deformaciones, se simplificaría enormemente la cuestión y desaparecerían gran número de dificultades. Por consiguiente, antes de intentar adentrarme en los fundamentos filosóficos que pueden ofrecerse para aceptar el principio utilitarista, ofreceré algunos ejemplos de la propia doctrina, con objeto de mostrar con mayor claridad en qué consiste, distinguiéndola de lo que no es, y eliminando aquellas objeciones prácticas que se le hacen, debidas a, o íntimamente relacionadas con, interpretaciones erróneas de su significado. Una vez preparado así el terreno, me dedicaré posteriormente a arrojar toda la luz que pueda sobre la cuestión que se considera como perteneciente a la teoría filosófica.

2. Qué es el utilitarismo

No merece más que un comentario de pasada el despropósito, basado en la ignorancia, de suponer que aquellos que defienden la utilidad como criterio de lo correcto y lo incorrecto utilizan el término en aquel sentido restringido y meramente coloquial en el que la utilidad se opone al placer. Habrá que disculparse con los oponentes del utilitarismo por la impresión que pudiera haberse dado momentáneamente de confundirlos con personas capaces de esta absurda y errónea interpretación. Interpretación que, por lo demás, resulta de lo más sorprendente en la medida en que la acusación contraria, la de vincular todo al placer, y ello también en la forma más burda del mismo, es otra de las que habitualmente se hacen al utilitarismo.

Como ha sido atinadamente señalado por un autor perspicaz, el mismo tipo de personas, y a menudo exactamente las mismas personas, denuncian esta teoría como «impracticablemente austera cuando la palabra "utilidad" precede a la palabra "placer", y como demasiado voluptuosa en la práctica, cuando la palabra "placer" precede a la palabra "utilidad"». Quienes saben algo del asunto están enterados de que todos los autores, desde Epicuro hasta Bentham, que mantuvieron la teoría de la utilidad, entendían por ella no algo que ha de contraponerse al placer, sino el propio placer junto con la liberación del dolor y que en lugar de oponer lo útil a lo agradable o a lo ornamental, han declarado siempre que lo útil significa, entre otras, estas cosas.

Con todo, la masa común, incluyendo la masa de escritores no sólo de los diarios y periódicos sino de libros de peso y pretensiones, están cometiendo continuamente este trivial error. Habiéndose apoderado de la palabra «utilitarista», pero sin saber nada acerca de la misma más que como suena, habitualmente expresan mediante ella el rechazo o el olvido del placer en alguna de sus formas: de la belleza, el ornato o la diversión. Por lo demás, no sólo se utiliza erróneamente este término por motivos de ignorancia, a modo de censura, sino, en ocasiones, de forma elogiosa, como si implicase superioridad respecto a la frivolidad y los meros placeres del momento. Y este uso viciado es el único en el que la palabra es popularmente conocida y aquél a partir del cual la nueva generación está adquiriendo su única noción acerca de su significado. Quienes introdujeron la palabra, pero durante muchos años la descartaron como una apelación distintiva, es posible que se sientan obligados a recuperarla, si al hacerlo esperan contribuir de algún modo a rescatarla de su completa degradación*.

---

* El autor de este ensayo tiene razones para considerarse a sí mismo como la primera persona que puso en circulación la palabra «utilitarista».

El credo que acepta como fundamento de la moral la Utilidad, o el Principio de la mayor Felicidad, mantiene que las acciones son correctas *(right)* en la medida en que tienden a promover la felicidad, incorrectas *(wrong)*[1] en cuanto tienden a producir lo contrario a la felicidad. Por felicidad se entiende el placer y la ausencia de dolor; por infelicidad el dolor y la falta de placer. Para ofrecer una idea clara del criterio moral que esta teoría establece es necesario indicar mucho más: en particular, qué cosas incluye en las ideas de dolor y placer, y en qué medida es ésta una cuestión a debatir. Pero estas explicaciones suplementarias no afectan a la teoría de la vida sobre la que se funda esta teoría de la moralidad –a saber, que el placer y la exención del sufrimiento son las únicas cosas deseables como fines–; y que todas las cosas deseables (que son tan numerosas en el proyecto utilitarista como en cualquier otro)[2] son

No la inventó él, sino que la adaptó de una alusión pasajera en los *Annals of the Parish* de Mr. Galt. Después de utilizarla como término designativo durante años, este autor y otros más la abandonaron a causa del creciente malestar que les producía todo lo que se pareciese a una especie de rótulo o consigna de tipo sectario. Sin embargo, como designación de una sola posición, no de un conjunto de posiciones, para denotar el reconocimiento del utilitarismo como criterio, no de un modo particular cualquiera de aplicarlo, el término satisface una necesidad lingüística y ofrece, en muchos casos, una forma adecuada de evitar un enojoso circunloquio.

1. Anteriormente, y en lo que sigue del texto, se ha utilizado «correcto» e «incorrecto» como traducción aproximada de *right* y *wrong*, respectivamente, términos para los cuales no existen en la lengua castellana equivalentes que hagan justicia a sus matices peculiares en contextos morales.

2. Este es un punto importante de la doctrina de Mill, que suele pasarse por alto, considerándose, erróneamente, que para el utilitarismo sólo el placer es deseable.

2. Qué es el utilitarismo

deseables ya bien por el placer inherente a ellas mismas, o como medios para la promoción del placer y la evitación del dolor.

Ahora bien, tal teoría de la vida provoca en muchas mentes, y entre ellas en algunas de las más estimables en sentimientos y objetivos, un fuerte desagrado. Suponer que la vida no posea (tal como ellos lo expresan) ninguna finalidad más elevada que el placer –ningún objeto mejor y más noble de deseo y búsqueda– lo califican como totalmente despreciable y rastrero, como una doctrina sólo digna de los puercos, a los que se asociaba a los seguidores de Epicuro en un principio, siendo, en algunas ocasiones, los modernos defensores de esta doctrina igualmente víctimas de tan corteses comparaciones por parte de sus detractores alemanes, franceses e ingleses.

Cuando se les atacaba de este modo, los epicúreos han contestado siempre que no son ellos, sino sus acusadores, los que ofrecen una visión degradada de la naturaleza humana; ya que la acusación supone que los seres humanos no son capaces de experimentar más placeres que los que puedan experimentar los puercos. Si esta suposición fuese cierta, la acusación no podría ser desmentida, pero ya no sería un reproche, puesto que si las fuentes del placer fueran exactamente iguales para los seres humanos y para los cerdos, la regla de vida que fuera lo suficientemente buena para los unos sería lo suficientemente buena para los otros. Resulta degradante la comparación de la vida epicúrea con la de las bestias precisamente porque los placeres de una bestia no satisfacen la concepción de felicidad de un ser humano. Los seres humanos poseen facultades más elevadas que los apetitos animales, y una vez que son conscientes de su existencia no consideran como felicidad nada que no incluya la gratificación de aquellas facultades. Desde luego que no considero que los epicúreos hayan derivado, en modo alguno, de forma irreprochable su teoría de lo que se sigue de la aplicación del principio utilitarista. Para hacerlo de un modo adecuado sería necesario incluir muchos elementos estoicos, así como cristianos. Con todo, no existe ninguna teoría conocida de la vida epicúrea que no asigne a los placeres del intelecto, de los sentimientos y de la imaginación, y de los sentimientos morales, un valor mucho más elevado en cuanto placeres que a los de la pura sensación[3].

Debe admitirse, sin embargo, que los utilitaristas, en general, han basado la superioridad de los placeres mentales sobre los corporales, principalmente en la mayor persistencia, seguridad, menor costo, etc., de los primeros[4], es decir, en sus ventajas circunstanciales más que en su naturaleza intrínseca. En todos estos puntos los utilitaristas han demostrado satisfactoriamente lo que defendían, pero bien podrían haber adoptado la otra formulación, más elevada, por así decirlo, con total consistencia. Es del todo compatible con el principio de utilidad el reconocer

---

3. Esta afirmación de Mill, que podemos verificar mediante la lectura de los textos de Epicuro, prueba que la distinción entre placeres de mayor y menor cualidad no es una arbitrariedad ni mucho menos una inconsistencia del hedonismo universalista de *El utilitarismo,* sino uno de los rasgos compartidos por casi todas las concepciones hedonistas.
4. Las condiciones que imponía Bentham para medir la calidad de un placer eran: 1) Su intensidad. 2) Su duración. 3) Su mayor o menor posibilidad. 4) Su proximidad o no proximidad. 5) Su fecundidad. 6) Su pureza, y 7) Su extensión (es decir, el número de personas afectadas).

2. Qué es el utilitarismo

el hecho de que algunos tipos de placer son más deseables y valiosos que otros[5]. Sería absurdo que mientras que al examinar todas las demás cosas se tiene en cuenta la calidad además de la cantidad, la estimación de los placeres se supusiese que dependía tan sólo de la cantidad.

Si se me pregunta qué entiendo por diferencia de calidad en los placeres, o qué hace a un placer más valioso que otro, simplemente en cuanto placer, a no ser que sea su mayor cantidad, sólo existe una única posible respuesta. De entre dos placeres, si hay uno al que todos, o casi todos los que han experimentado ambos, conceden una decidida preferencia, independientemente de todo sentimiento de obligación moral para preferirlo, ése es el

---

Los siguientes versos –en versión libre de la traductora– popularizaron los requisitos de Bentham:

Intense, long, certain, speedy, fruiful, pure
Such marks in *pleasures* an in pains endure.
Such pleasures seek if private be thy end.
If it be *public,* wide let them *extend.*
Such *pains* avoid, whichever be thy view?
If pains *must* come, let them *extend* to few.

(Que sea intenso, largo, seguro, rápido, fructífero, puro,
has de tener en cuenta para el placer o el dolor seguro.
Busca placeres tales cuando el fin es privado;
extiéndelos, no obstante, cuando es público el cuidado.
Evita dolores tales, para ti o para otro.
Si ha de existir dolor que se extienda a muy pocos.)

5. Este es, precisamente, el punto que marca una de las diferenciaciones más tajantes entre Bentham y Mill, introduciendo este último la «calidad» de los placeres como correctivo de la doctrina que parecía tener sólo en cuenta su mera suma aritmética. Aspecto este de la doctrina de Mill que ha hecho que sea considerado por algunos, como en el caso del contemporáneo Smart, como un utilitarista «semiidealista».

placer más deseable. Si aquellos que están familiarizados con ambos colocan a uno de los dos tan por encima del otro que lo prefieren, aun sabiendo que va acompañado de mayor cantidad de molestias, y no lo cambiarían por cantidad alguna que pudieran experimentar del otro placer, está justificado que asignemos al goce preferido una superioridad de calidad que exceda de tal modo al valor de la cantidad como para que ésta sea, en comparación, de muy poca importancia.

Ahora bien, es un hecho incuestionable que quienes están igualmente familiarizados con ambas cosas y están igualmente capacitados para apreciarlas y gozarlas, muestran realmente una preferencia máximamente destacada por el modo de existencia que emplea las capacidades humanas más elevadas. Pocas criaturas humanas consentirían en transformarse en alguno de los animales inferiores ante la promesa del más completo disfrute de los placeres de una bestia. Ningún ser humano inteligente admitiría convertirse en un necio, ninguna persona culta querría ser un ignorante, ninguna persona con sentimientos y conciencia querría ser egoísta y depravada, aun cuando se le persuadiera de que el necio, el ignorante o el sinvergüenza pudieran estar más satisfechos con su suerte que ellos con la suya[6]. No cederían aquello que poseen y los otros no, a cambio de la más completa satisfacción de todos los deseos que poseen en común con estos otros. Si alguna vez

---

6. En su ensayo sobre Bentham de 1838, pone Mill en evidencia, como se anticipó en la Introducción, la necesidad de tomar en consideración la búsqueda de la propia excelencia por parte del ser humano, como pieza clave para la consecución de la felicidad personal, aspecto que Bentham había pasado por alto.

imaginan que lo harían es en casos de desgracia tan extrema que por escapar de ella cambiarían su suerte por cualquier otra, por muy despreciable que resultase a sus propios ojos. Un ser con facultades superiores necesita más para sentirse feliz, probablemente está sujeto a sufrimientos más agudos, y ciertamente los experimenta en mayor número de ocasiones que un tipo inferior. Sin embargo, a pesar de estos riesgos, nunca puede desear de corazón hundirse en lo que él considera que es un grado más bajo de existencia.

Podemos ofrecer la explicación que nos plazca de esta negativa. Podemos atribuirla al orgullo, nombre que se da indiscriminadamente a algunos de los más y a algunos de los menos estimables sentimientos de los que la humanidad es capaz. Podemos achacar tal negativa al amor a la libertad y la independencia, apelando a lo cual los estoicos conseguían inculcarla de la manera más eficaz. O achacarla al amor al poder, al amor a las emociones, cosas ambas que están comprendidas en ella y a ella contribuyen. Sin embargo, lo más indicado es apelar a un sentido de dignidad que todos los seres humanos poseen[7] en un grado u otro, y que guarda alguna correlación, aunque en modo alguno perfecta, con sus facultades más elevadas[8] y que constituye una parte tan esencial

---

7. En el ensayo sobre Bentham, Mill se referirá a este sentimiento denominándolo de *self-respect* o autorrespeto.
8. En alguna medida se prefigura lo que constituirá el estadio 6 del desarrollo moral en la obra del contemporáneo Kohlberg, ya que, aunque con matices diferentes, se apunta a la posible correlación entre el desarrollo de las facultades humanas (en Kohlberg especialmente las intelectuales) y el desarrollo moral, así como al sentimiento de la propia estima característico de los seres humanos más desarrollados.

de la felicidad de aquellos en los que este sentimiento es fuerte, que nada que se le oponga podría constituir más que un objeto momentáneo de deseo para ellos. Quien quiera que suponga que esta preferencia tiene lugar al precio de sacrificar la felicidad –que el ser superior es, en igualdad de circunstancias, menos feliz que el inferior– confunde los dos conceptos totalmente distintos de felicidad y contento[9]. Es indiscutible que el ser cuyas capacidades de goce son pequeñas tiene más oportunidades de satisfacerlas plenamente; por el contrario, un ser muy bien dotado siempre considerará que cualquier felicidad que pueda alcanzar, tal como el mundo está constituido, es imperfecta. Pero puede aprender a soportar sus imperfecciones, si son en algún sentido soportables. Imperfecciones que no le harán envidiar al ser que, de hecho, no es consciente de ellas, simplemente porque no experimenta en absoluto el bien que hace que existan imperfecciones. Es mejor ser un ser humano insatisfecho que un cerdo satisfecho; mejor ser un Sócrates insatisfecho que un necio satisfecho. Y si el necio o el cerdo opinan de un modo distinto es a causa de que ellos sólo conocen una cara de la cuestión. El otro miembro de la comparación conoce ambas caras.

Puede objetarse que muchos que son capaces de los más elevados placeres, en ocasiones, a causa de la tentación, los posponen frente a los inferiores. Pero esto es del todo compatible con una apreciación completa de la

---

9. El no haber tenido en cuenta esta distinción de Mill ha dado lugar, sin duda, a innumerables críticas totalmente irrelevantes e injustas, así como a una falta de comprensión de los ideales utilitaristas.

superioridad intrínseca de los más elevados. Los hombres, a menudo, debido a la debilidad de carácter, eligen el bien más próximo[10], aunque saben que es el menos valioso, y esto no sólo cuando se trata de elegir entre un placer corporal y otro mental, sino también cuando hay que hacerlo entre dos placeres corporales. Incurren en indulgencias sensuales que menoscaban la salud, aun sabiendo perfectamente que la salud es un bien preferible a aquellas indulgencias.

También puede objetarse que muchos que al principio muestran un entusiasmo juvenil por todo lo noble, a medida que adquieren más edad se dejan sumir en la indolencia y el egoísmo. Sin embargo, yo no creo que aquellos que experimentan este cambio, muy habitual, elijan voluntariamente los placeres inferiores con preferencia a los más elevados. Considero que antes de dedicarse exclusivamente a los primeros han perdido la capacidad para los segundos. La capacidad para los sentimientos más nobles es, en la mayoría de los seres, una planta muy tierna, que muere con facilidad, no sólo a causa de influencias hostiles sino por la simple carencia de sustento; y en la mayoría de las personas jóvenes se desvanece rápidamente cuando las ocupaciones a que les ha llevado su posición en la vida o en la sociedad en la que se han visto arrojados no han favorecido el que mantengan en

---

10. Hay antecedentes tan remotos por lo menos como Hume en esta referencia a la ceguera del hombre para apreciar las cosas valiosas que permanecen a distancia. Incluso podría verse un anticipo de esta acusación en la recomendación griega de practicar la *phrónesis,* que en el caso concreto de Epicuro conlleva la invitación a considerar todos los placeres ponderadamente.

ejercicio esa capacidad más elevada. Los hombres pierden sus aspiraciones elevadas al igual que pierden sus gustos intelectuales, por no tener tiempo ni oportunidad de dedicarse a ellos. Se aficionan a placeres inferiores no porque los prefieran deliberadamente, sino porque o ya bien son los únicos a los que tienen acceso, o bien los únicos para los que les queda capacidad de goce. Puede cuestionarse que alguien que se haya mantenido igualmente capacitado para ambos tipos de placer haya jamás preferido de forma deliberada y ponderada el más bajo, aunque muchos, en todas las épocas, se hayan destruido en un intento fallido de combinarlos.

Considero inapelable este veredicto emitido por los únicos jueces competentes. En relación con la cuestión de cuál de dos placeres es el más valioso, o cuál de dos modos de existencia es el más gratificante para nuestros sentimientos, al margen de sus cualidades morales o sus consecuencias, el juicio de los que están cualificados por el conocimiento de ambos o, en caso de que difieran, el de la mayoría de ellos, debe ser admitido como definitivo. Es preciso que no haya dudas en aceptar este juicio respecto a la calidad de los placeres, ya que no contamos con otro tribunal, ni siquiera en relación con la cuestión de la cantidad. ¿Qué medio hay para determinar cuál es el más agudo de dos dolores, o la más intensa de dos sensaciones placenteras, excepto el sufragio universal de aquellos que están familiarizados con ambos? ¿Con qué contamos para decidir si vale la pena perseguir un determinado placer a costa de un dolor particular a no ser los sentimientos y juicio de quien los experimenta? Cuando, por consiguiente, tales sentimientos y juicio declaran

2. Qué es el utilitarismo

que los placeres derivados de las facultades superiores son preferibles *como clase,* aparte de la cuestión de la intensidad, a aquellos que la naturaleza animal, al margen de las facultades superiores, es capaz de experimentar, merecen la misma consideración respecto a este tema[11].

Me he detenido en este punto por ser un elemento necesario para una concepción perfectamente adecuada de la Utilidad o Felicidad considerada como la regla directriz de la conducta humana. Sin embargo, no constituye en modo alguno una condición indispensable para la aceptación del criterio utilitarista, ya que tal criterio no lo constituye la mayor felicidad del propio agente, sino de la mayor cantidad total de felicidad[12]. Si puede haber alguna posible duda acerca de que una persona noble pueda ser más feliz a causa de su nobleza, lo que sí no puede dudarse es de que hace más felices a los demás y que el mundo en general gana inmensamente con ello. El utilitarismo, por consiguiente, sólo podría alcanzar sus

---

11. Parece ser una constante a través de toda la filosofía moral la valoración de los placeres derivados del ejercicio de las facultades superiores como no sólo «mejores» en el sentido moral, sino también «mejores» en el sentido hedonista o eudemonista. Así, Platón en *La República,* o Epicuro. Dentro del ámbito anglosajón el anarquista Godwin, por ejemplo, se había manifestado en el siglo XVIII en un sentido semejante.

12. Se trata, efectivamente, de un hedonismo universalista, en contraposición a un hedonismo egoísta. Las dificultades para su justificación dentro del contexto de esta obra parecen provenir, según el planteamiento de algunos críticos, de que mientras que un hedonismo egoísta podría contar con un fácil soporte en un hedonismo psicológico, dicho hedonismo psicológico explica únicamente que prefiramos ser felices a ser desgraciados, mas no que prefiramos la «felicidad general» a la particular.

objetivos mediante el cultivo general de la nobleza de las personas, aun en el caso de que cada individuo sólo se beneficiase de la nobleza de los demás y la suya propia, por lo que a la felicidad se refiere, contribuya a una clara reducción del beneficio. Pero la simple mención de algo tan absurdo como esto último hace superflua su refutación.

Conforme al Principio de la Mayor Felicidad, tal como se explicó anteriormente, el fin último, con relación al cual y por el cual todas las demás cosas son deseables (ya estemos considerando nuestro propio bien o el de los demás), es una existencia libre, en la medida de lo posible, de dolor y tan rica como sea posible en goces, tanto por lo que respecta a la cantidad como a la calidad, constituyendo el criterio de la calidad y la regla para compararla con la cantidad, la preferencia experimentada por aquellos que, en sus oportunidades de experiencia (a lo que debe añadirse su hábito de autorreflexión y autoobservación), están mejor dotados de los medios que permiten la comparación. Puesto que dicho criterio es, de acuerdo con la opinión utilitarista, el fin de la acción humana, también constituye necesariamente el criterio de la moralidad, que puede definirse, por consiguiente, como «las reglas y preceptos de la conducta humana» mediante la observación de los cuales podrá asegurarse una existencia tal como se ha descrito, en la mayor medida posible, a todos los hombres. Y no sólo a ellos, sino, en tanto en cuanto la naturaleza de las cosas lo permita, a las criaturas sintientes en su totalidad.

Se presentan contra esta doctrina, sin embargo, otra clase de objetores que afirman que la felicidad no puede constituir, en ninguna de sus formas, el fin racional de la

2. Qué es el utilitarismo

vida y la acción humana. En primer lugar porque es inalcanzable. Preguntan despectivamente, ¿qué derecho tienes a ser feliz? Cuestión que el señor Carlyle[13] remacha al añadir: ¿qué derecho tenías, hace poco, ni siquiera a *existir*? Luego añaden que los hombres pueden pasarse *sin* la felicidad, que todos los seres humanos nobles han pensado así, y que no podrían haber llegado a ser nobles sino aprendiendo la lección de la *Entsagen* o renunciación, lección que una vez que ha sido del todo aprendida y aceptada, afirman ellos, es el comienzo y condición necesaria de toda virtud.

La primera de estas objeciones alcanzaría la raíz de la cuestión si estuviera bien fundada, ya que si los seres humanos estuviesen incapacitados para experimentar la felicidad en modo alguno su consecución no podría constituir el fin de la moralidad ni de ninguna conducta racional. Sin embargo, incluso en tal caso, se podría defender en algún sentido la doctrina utilitarista, ya que la utilidad incluye no sólo la búsqueda de la felicidad, sino la prevención y mitigación de la infelicidad, y si el primer objetivo resultase quimérico, mayor importancia adquiriría el segundo, existiendo una necesidad más imperiosa del mismo en tanto en cuanto la humanidad considerase adecuado el seguir viviendo y no refugiarse en la acción alternativa del suicidio recomendada en ciertas circunstancias por Novalis[14]. Cuando, sin embargo, se afirma de

---

13. Thomas Carlyle (1795-1881), escocés dedicado a la novela y la crítica, que contribuyó asimismo a la filosofía política y social, combatiendo el ideal del bienestar.
14. Seudónimo del poeta alemán Friedrich Leopold Freiherr von Hardenberg (1772-1801).

este modo, positivamente, que es imposible una vida humana feliz, se trata si no de una especie de juego de palabras, sí por lo menos de una exageración. Si por felicidad se entiende una continua emoción altamente placentera, resulta bastante evidente que esto es imposible. Un estado de placer exaltado dura sólo unos instantes, o, en algunos casos, y con algunas interrupciones, horas o días, constituyendo el ocasional brillante destello del goce, no su llama permanente y estable. De esto fueron tan conscientes los filósofos que enseñaron que la felicidad es el fin de la vida, como aquellos que los vituperan. La felicidad a la que se referían los primeros no es la propia de una vida de éxtasis, sino de momentos de tal goce, en una existencia constituida por pocos y transitorios dolores, por muchos y variados placeres, con un decidido predominio del activo sobre el pasivo, y teniendo como fundamento de toda la felicidad no esperar de la vida más de lo que la vida pueda dar. Una vida así constituida ha resultado siempre, a quienes han sido lo suficientemente afortunados para disfrutar de ella, acreedora del nombre de felicidad. Y tal existencia, incluso ahora, ya le ha tocado en suerte a muchas personas durante una parte importante de su vida. La desafortunada educación actual, así como las desafortunadas condiciones sociales actuales son el único obstáculo para que sea patrimonio de todo el mundo.

Quienes ponen objeciones a esto tal vez pondrán en duda el que los seres humanos, si se les enseña a considerar la felicidad como el fin de la vida, se puedan sentir satisfechos con una porción tan moderada de felicidad. Sin embargo, gran número de personas se han contentado con mucho menos.

2. Qué es el utilitarismo

Los principales factores de una vida satisfactoria resultan ser dos, cualquiera de los cuales puede por sí solo ser suficiente para tal fin: la tranquilidad y la emoción. Poseyendo mucha tranquilidad muchos encuentran que pueden conformarse con muy poco placer. Con mucha emoción, muchos pueden tolerar una considerable cantidad de dolor. Con toda seguridad, no existe ninguna imposibilidad a priori de que sea factible, ni tan siquiera para la gran masa de la humanidad, el reunir ambas cosas, ya que éstas, lejos de ser incompatibles, forman una alianza natural, siendo la prolongación de cada una preparación para la excitación del deseo de la otra. Sólo aquellos para quienes la indolencia se convierte en un vicio no desean emociones después de un intervalo de reposo. Sólo aquellos para quienes la necesidad de emociones es una enfermedad experimentan la tranquilidad que sigue a las emociones como aburrida y estúpida, en lugar de placentera en razón directa a la emoción que la precedió.

Cuando las personas que son tolerablemente afortunadas con relación a los bienes externos no encuentran en la vida goce suficiente que la haga valiosa para ellos, la causa radica generalmente en la falta de preocupación por lo demás. Para aquellos que carecen de afectos tanto públicos como privados, las emociones de la vida se reducen en gran parte, y en cualquier caso pierden valor conforme se aproxima el momento en el que todos los intereses egoístas se acaban con la muerte; mientras que aquellos que dejan tras de sí objetos de afecto personal, y especialmente aquellos que han cultivado un sentimiento de solidaridad respecto a los intereses colectivos de la humanidad, mantienen en la víspera de su muerte un interés tan vivo por la vida como en el esplendor de su juventud o su salud. Después del egoísmo, la principal causa de una vida insatisfactoria es la carencia de la cultura intelectual. Una mente cultivada –no me refiero a la de un filósofo, sino a cualquier mente para la que estén abiertas las fuentes del conocimiento y a la que se le ha enseñado en una medida tolerable a ejercitar sus facultades– encuentra motivos de interés perenne en cuanto le rodea. En los objetos de la naturaleza, las obras de arte, las fantasías poéticas, los incidentes de la historia, el comportamiento de la humanidad pasada y presente y sus proyectos de futuro. Por supuesto que es posible que todo esto le resulte a uno indiferente, e incluso sin haber utilizado la milésima parte de ello. Mas eso sólo ocurre cuando uno carece desde un principio de interés moral o humano para estas cosas y sólo ha buscado en ellas la gratificación de la curiosidad.

Ahora bien, no hay nada en la naturaleza de las cosas que justifique el que todo el que nazca en un país civilizado no disfrute como herencia de una cultura intelectual suficiente que le proporcione un interés inteligente por estos objetos de contemplación. Como tampoco existe una necesidad intrínseca de que ningún ser humano haya de ser unególatra ocupado sólo de sí mismo, carente de toda suerte de sentimientos o preocupaciones más que las que se refieren a su propia miserable individualidad. Algo muy superior a esto es lo suficientemente común incluso ahora, para proporcionar amplias expectativas respecto a lo que puede conseguirse de la especie humana. Es posible que todo ser humano debidamente educado sienta, en grados diversos, auténticos afectos privados y un interés

2. Qué es el utilitarismo

sincero por el bien público. En un mundo en el que hay tanto por lo que interesarse, tanto de lo que disfrutar y también tanto que enmendar y mejorar, todo aquel que posea esta moderada proporción de requisitos morales e intelectuales puede disfrutar de una existencia que puede calificarse de envidiable[15]. A menos que a tales personas se les niegue, mediante leyes nocivas, o a causa del sometimiento a la voluntad de otros, la libertad para utilizar las fuentes de la felicidad a su alcance, no dejarán de encontrar esta existencia envidiable, si evitan los males positivos de la vida, las grandes fuentes de sufrimiento físico y psíquico –tales como la indigencia, la enfermedad, la carencia de afectos, la falta de dignidad o la pérdida prematura de objetos de estimación.

El verdadero meollo de la cuestión radica, por tanto, en la lucha contra estas calamidades de las que es infrecuente tener la buena fortuna de eludir. Calamidades que, tal como están las cosas en la actualidad, no pueden ser obviadas y que, con frecuencia, no pueden ser mitigadas materialmente en grado alguno. Sin embargo, nadie cuya opinión merezca la más momentánea consideración puede dudar de que la mayoría de los grandes males positivos de la vida son en sí mismos superables y que, si la suerte de los humanos continúa mejorando, serán reducidos, en último término, dentro de estrechos límites. La pobreza, que implique en cualquier sentido sufrimiento, puede ser eliminada por completo mediante las

---

15. Los críticos de Mill suelen pasar por alto pasajes como éste, donde se evidencia claramente el concepto equilibrado de felicidad que toma en consideración los intereses particulares del individuo y su participación en la promoción del bienestar de la colectividad.

buenas artes de la sociedad, en combinación con el buen sentido y la buena previsión por parte de los individuos. Incluso el más tenaz enemigo de todos, la enfermedad, puede ser en gran medida reducido en sus dimensiones mediante una buena educación física y moral y el control adecuado de las influencias nocivas, al tiempo que el progreso de la ciencia significa la promesa para el futuro de conquistas todavía más directas sobre este detestable adversario.

Cada uno de los avances en esta dirección nos pone a salvo de los obstáculos que no sólo acortan nuestras vidas, sino, lo que nos importa todavía más, de los que nos privan de aquellos que nos proporcionan la felicidad. En cuanto a las vicisitudes de la fortuna y otros contratiempos que tienen que ver con las circunstancias mundanas, éstos son el efecto, principalmente, o bien de graves imprudencias, o de deseos mal controlados, o de instituciones sociales nocivas o imperfectas. En suma, todas las fuentes del sufrimiento humano son, en gran medida, muchas de ellas eliminables mediante el empeño y el esfuerzo humanos, y aunque su supresión es tremendamente lenta –aunque perecerán en la empresa gran número de generaciones antes de llevarse a cabo la conquista y este mundo llegue a ser todo aquello en que sería fácil que se convirtiese, de no faltar voluntad y conocimiento–, con todo, toda mente suficientemente inteligente y generosa para participar, aunque sea en pequeña e insignificante medida, en la tarea, derivará un noble goce de la propia contienda, al que no consentirá en renunciar mediante ningún chantaje en forma de indulgencia egoísta.

2. Qué es el utilitarismo

Todo lo anterior nos lleva a la apreciación adecuada de lo que dicen los objetores respecto a la posibilidad y obligación de aprender a prescindir de la felicidad. No cabe duda de que es posible prescindir de la felicidad. Diecinueve de cada veinte seres humanos lo hacen involuntariamente, incluso en aquellas zonas de nuestro mundo actual que están menos hundidas en la barbarie; y a menudo se lleva a cabo voluntariamente por parte del héroe o del mártir, en gracia a algo que aprecia más que su felicidad individual. Pero este algo, ¿qué es, sino la felicidad de los demás, o alguno de los requisitos de la felicidad? Indica nobleza el ser capaz de renunciar por completo a la parte de felicidad que a uno le corresponde, o las posibilidades de la misma, pero, después de todo, esta autoinmolación debe tener algún fin. Ella misma no constituye su propio fin. Y si se nos dice que su fin no es la felicidad sino la virtud, lo cual es preferible a la felicidad, yo pregunto: ¿Se llevaría a cabo el sacrificio si el héroe o el mártir no creyesen que ello garantizará el que los demás no tengan que llevar a cabo sacrificios parecidos?[16]. ¿Lo realizarían el héroe o el mártir si pensaran que la renuncia a su felicidad no producirá ningún fruto para ninguno de sus semejantes, sino que contribuirá a que la suerte de los demás sea semejante a la suya, y los ponga en situación de tener también que renunciar a la felicidad? Merecen toda suerte de alabanzas los que son capaces de sacrificar el goce

---

16. Argumento que será retomado posteriormente por Morie Schlick, padre del Círculo de Viena, en su trabajo de 1930 *Fragen der Ethik,* que fue incluido como volumen 4 de la serie *Sehriften zur wissenschaftlichen Weltauffassung.*

personal de la vida, cuando mediante tal renuncia contribuyen meritoriamente al incremento de la suma de la felicidad del mundo. Pero quien hace esto mismo, o mantiene hacerlo, con alguna otra finalidad no merece más admiración que el asceta subido a su pedestal. Puede constituir una prueba indicativa de lo que los hombres *pueden* hacer, pero, con toda seguridad, no un ejemplo de lo que *deben* hacer[17].

Aunque sólo en un estado muy imperfecto de la organización social uno puede servir mejor a la felicidad de los demás mediante el sacrificio total de la suya propia, en tanto en cuanto la sociedad continúe en este imperfecto estado, admito por completo que la disposición a realizar tal sacrificio es la mayor virtud que puede encontrarse en un hombre. Añadiré que en estas circunstancias sociales, aunque parezca paradójico, la capacidad consciente para prescindir de la felicidad es la que asegurará mejor la posibilidad de consecución de tanta felicidad como sea obtenible. Porque nada más que la conciencia puede hacer que una persona se eleve por encima de los avatares de la existencia, convencida de que por adversos que sean el hado y la fortuna carece de poder para dominarla, sentimiento que, una vez experimentado, libera al hombre del exceso de ansiedad acerca

---

17. En este pasaje, curiosamente, no se negaría la posibilidad de motivaciones no hedonistas del comportamiento humano, aun cuando se procede a su censura desde un punto de vista moral. O lo que es igual, aquí el hedonismo universalista ético no parece que dependa estrictamente de un inevitable hedonismo psicológico. Al menos en este pasaje está claro que para Mill «debe» no se sigue del «es» de forma no cualificada.

de los males de la vida y le permite, al igual que a numerosos estoicos, en los peores momentos del Imperio romano, cultivar en paz las fuentes de satisfacción que le son accesibles, sin preocuparse de la incertidumbre de su duración, como tampoco de su inevitable final.

Entre tanto, no deben dejar de proclamar los utilitaristas la moralidad de la abnegación *(self-devotion)* como una posesión a la que tienen tanto derecho como los estoicos o los trascendentalistas. La moral utilitarista reconoce en los seres humanos la capacidad de sacrificar su propio mayor bien por el bien de los demás. Sólo se niega a admitir que el sacrificio sea en sí mismo un bien. Un sacrificio que no incremente o tienda a incrementar la suma total de la felicidad se considera como inútil[18]. La única autorrenuncia que se aplaude es el amor a la felicidad, o a alguno de los medios que conducen a la felicidad, de los demás, ya bien de la humanidad colectivamente, o de individuos particulares, dentro de los límites que imponen los intereses colectivos de la humanidad.

Debo repetir nuevamente que los detractores del utilitarismo raras veces le hacen justicia y reconocen que la felicidad que constituye el criterio utilitarista de lo que es correcto en una conducta no es la propia felicidad del

---

18. Como Brandt y otros han puesto de relieve en nuestros días, el utilitarismo no niega que otras cosas, además de la felicidad, puedan ser buenas. Lo único que no admite es que cosa alguna distinta a la felicidad colectiva pueda ser un «bien en sí», aun cuando, por supuesto, pueda ser algo «bueno como medio». De este modo el utilitarismo de Mill admite con otros éticos de signo vario la «bondad» del sacrificio, a la cual niega, sin embargo, consistentemente con sus principios, el carácter de «bondad intrínseca».

agente, sino la de todos los afectados[19]. Entre la felicidad personal del agente y la de los demás, el utilitarista obliga a aquél a ser tan estrictamente imparcial como un espectador desinteresado y benevolente[20]. En la regla de oro de Jesús de Nazaret encontramos todo el espíritu de la ética de la utilidad: «Compórtate con los demás como quieras que los demás se comporten contigo» y «Amar al prójimo como a ti mismo» constituyen la perfección ideal de la moral utilitarista. Como medio para alcanzar más aproximadamente este ideal, la utilidad recomendará, en primer término, que las leyes y organizaciones sociales armonicen en lo posible la felicidad o (como en términos prácticos podría denominarse) los intereses[21] de cada individuo con los intereses del conjunto. En segundo lugar, que la educación y la opinión pública, que tienen un poder tan grande en la formación humana, utilicen de tal modo ese poder que establezcan en la mente de todo individuo una asociación indisoluble entre su

---

19. Nunca se insistirá suficientemente en que el utilitarismo de Mill no guarda relación alguna con el hedonismo egoísta. Tampoco se trata, como algún autor ha distinguido, de un hedonismo altruista, sino de un hedonismo universalista, que pone en un mismo plano los intereses personales y los ajenos.

20. Hoy en día este componente de «imparcialidad» implícito en el utilitarismo de Mill ha sido destacado, entre otros, por Hare, quien mantiene que la presunta irreconciliabilidad entre las doctrinas de Kant y de Mill es sólo aparente.

21. En la actualidad, Hare ha propuesto sustituir en la fórmula utilitarista la búsqueda de la felicidad de cada agente, por el cumplimiento de aquello que satisface sus propios intereses, a fin de eliminar una noción ambigua que se prestaba a ser definida desde «fuera» por otra más concreta, a determinar por los propios individuos. En este pasaje puede verse que Mill interpretaba ya «felicidad» como sinónimo de «intereses».

propia felicidad y el bien del conjunto[22], especialmente entre su propia felicidad y la práctica de los modos de conducta negativos y positivos que la felicidad prescribe; de tal modo que no sólo no pueda concebir la felicidad propia en la conducta que se oponga al bien general, sino también de forma que en todos los individuos el impulso directo de mejorar el bien general se convierta en uno de los motivos habituales de la acción y que los sentimientos que se conecten con este impulso ocupen un lugar importante y destacado en la experiencia sintiente de todo ser humano. Si los que rechazan la moral utilitarista se la presentasen ante su intelecto en este su auténtico sentido, no sé qué cualidades por cualquier otra moral podrían afirmar en modo alguno que echaban en falta, o qué desarrollo más armónico y profundo de la naturaleza humana puede esperarse que propicie algún otro sistema ético, o en qué motivaciones, no accesibles al utilitarismo, pueden basarse tales sistemas para hacer efectivos sus mandatos.

No siempre puede acusarse a los detractores del utilitarismo de representarlo desde esta perspectiva que lo hace poco apreciable. Por el contrario, aquellos de entre los que poseen algo aproximado a una idea clara de su carácter desinteresado a veces consideran un defecto el que sus normas sean demasiado elevadas para la humanidad. Afirman que es una exigencia excesiva el pedir que la gente actúe siempre inducida por la promoción del interés general de la sociedad. Pero esto supone no

---

22. H. Spencer pretendía que la propia evolución biológica llevaría a cabo esta tarea que Mill confiaba al proceso de socialización.

entender el verdadero significado de un modelo de moral y confundir la regla de acción con el motivo que lleva a su cumplimiento. Es tarea de la ética la de indicarnos cuáles son nuestros deberes o mediante qué pruebas podemos conocerlos, pero ningún sistema ético exige que el único motivo de nuestro actuar sea un sentimiento del deber. Por el contrario, el noventa y nueve por ciento de todas nuestras acciones se realizan por otros motivos, cosa que es del todo correcta si la regla del deber no los condena. Resulta totalmente injusto hacer objeciones al utilitarismo sobre la base de lo anteriormente mencionado, cuando precisamente los moralistas utilitaristas han ido más allá que casi todos los demás al afirmar que el motivo no tiene nada que ver con la moralidad de la acción, aunque sí mucho con el mérito del agente. Quien salva a un semejante de ser ahogado hace lo que es moralmente correcto, ya sea su motivo el deber o la esperanza de que le recompensen por su esfuerzo. Quien traiciona al amigo que confía en él es culpable de un crimen, aun cuando su objetivo sea servir a otro amigo con quien tiene todavía mayores obligaciones*. Pero si nos

---

* Un oponente, cuya imparcialidad intelectual y moral es un placer reconocer (el reverendo J. Llewellyn Davies) ha criticado este pasaje indicando: «Seguramente la corrección o incorrección de salvar a un hombre de ser ahogado depende en realidad mucho del motivo por el que se hace. Supongamos a un tirano que al ver a su enemigo que se ha tirado al mar para huir de él, lo salva de ser ahogado simplemente a fin de poder someterle a torturas más refinadas, ¿supondría un incremento de claridad el hablar de tal salvamento como de "una acción moralmente correcta"? O supóngase, por otra parte, conforme a uno de los múltiples ejemplos utilizados en las investigaciones éticas, que un hombre traiciona la confianza que en él se ha depositado revelando un secreto, ya que el mantener dicho secreto perjudicaría fatalmente a

limitamos a hablar de acciones realizadas por motivos de deber y en obediencia inmediata a principios, es interpretar erróneamente el pensamiento utilitarista el imaginar que implica que la gente debe fijar su mente en algo tan general como el mundo o la sociedad en su conjunto.

La gran mayoría de las acciones están pensadas no para beneficio del mundo sino de los individuos a partir de los cuales se constituye el bien del mundo y no es preciso que el pensamiento del hombre más virtuoso cabalgue, en tales ocasiones, más allá de las personas afectadas, excepto en la medida en que sea necesario asegurarse de que al beneficiarles no está violando los

su amigo, o a alguien querido por él. ¿Obligaría el utilitarismo a considerar dicha traición como un "crimen" del mismo calibre que una traición realizada por el motivo más trivial?».

Considero que quien salva a otro de ser ahogado a fin de matarle mediante tortura posteriormente, no sólo se diferencia en motivo de quien hace lo mismo a causa del deber o la benevolencia. El acto mismo es diferente. El salvamento de un hombre es, en el caso supuesto, sólo el primer paso necesario para un acto mucho más atroz que el de dejarle ahogarse. Si el señor Davies hubiese indicado: «La corrección o incorrección de salvar a un hombre depende realmente mucho» —no del motivo, sino— «de la *intención*», ningún utilitarista le contradiría. El señor Davies, a causa de un desliz demasiado común para que resulte demasiado grave, ha confundido en este caso las ideas muy distintas de motivo e intención. No hay cuestión que los pensadores utilitaristas (y Bentham de modo destacado) no se hayan esforzado más en destacar que ésta. La moralidad de una acción depende enteramente de la intención –es decir, de lo que el agente *quiere* hacer–. Pero el motivo, es decir, la razón que hace que desee actuar así, si no afecta a lo que el acto sea, no afecta a su moralidad, si bien importa mucho a la hora de nuestra estimación moral del agente, especialmente si indica una *disposición* habitual buena o mala, una inclinación de la que es de esperar que se deriven acciones beneficiosas o dañinas. [Nota que apareció en la segunda edición de *El utilitarismo* (1864) y posteriormente fue omitida.]

derechos, es decir, las expectativas legítimas y autorizadas de nadie más. La multiplicación de la felicidad es, conforme a la ética utilitarista, el objeto de la virtud: las ocasiones en las que persona alguna (excepto una entre mil) tiene en sus manos el hacer esto a gran escala –en otras palabras ser un benefactor público– no son sino excepcionales; y sólo en tales ocasiones se le pide que tome en consideración la utilidad pública. En todos los demás casos, todo lo que tiene que tener en cuenta es la utilidad privada, el interés o felicidad de unas cuantas personas. Sólo aquellos cuyas acciones influyen hasta abarcar la sociedad en general tienen necesidad habitual de ocuparse de un objeto tan amplio. Por supuesto que en el caso de las omisiones, es decir, las cosas que la gente deja de hacer a causa de consideraciones morales, aun cuando las consecuencias de un caso particular pudieran ser beneficiosas, sería indigno de un agente inteligente no percatarse conscientemente de que la acción es de un tipo tal que, si se practicase generalmente sería generalmente dañina, y que éste es el fundamento de la obligación de omitir tal acción. El grado de consideración del interés público implícito en este reconocimiento no es mayor que el que exigen todos los sistemas morales, ya que todos aconsejan abstenerse de aquello que es manifiestamente pernicioso para la sociedad.

Estas mismas consideraciones sirven para rechazar otro reproche hecho a la doctrina utilitarista, que se funda en una concepción todavía más burdamente errónea de la finalidad de un criterio de moralidad y del propio significado de las palabras «correcto» *(right)* e «incorrecto» *(wrong)*.

2. Qué es el utilitarismo

Se afirma a menudo que el utilitarismo hace a los hombres fríos y carentes de afectividad, que entibia sus sentimientos morales hacia las personas particulares, que les hace tomar en cuenta solamente las consideraciones secas y duras de las consecuencias de las acciones sin contar, a la hora de la estimación moral, con las cualidades que dan origen a dichas acciones. Si esta afirmación significa que no permiten que sus juicios concernientes a la corrección *(rightness)* o incorrección *(wrongness)* de una acción se vean influidos por las cualidades de la persona que la realiza, se trata de una queja que no afecta sólo al utilitarismo sino a cualquier criterio de moralidad en absoluto, ya que, ciertamente, ningún criterio ético conocido decide que una acción sea buena o mala porque sea realizada por un hombre bueno o malo, y menos todavía porque sea realizada por un hombre amable, valeroso, benevolente, o todo lo contrario. Estas consideraciones son relevantes no para la estimación de las acciones sino de las personas.

No encontramos nada en la doctrina utilitarista que niegue el hecho de que hay más cosas que nos interesan con relación a una persona que la corrección o incorrección de sus acciones. Es cierto que los estoicos con el paradójico abuso del lenguaje que formaba parte de su sistema, y mediante el cual trataban de elevarse por encima de toda preocupación por nada que no fuese la virtud, gustaban de afirmar que quien la posee tiene a su alcance todo lo demás, que esa persona, y sólo esa persona, es rica, hermosa, regia. Sin embargo, la doctrina utilitarista no pretende hacer tal descripción del hombre virtuoso. Los utilitaristas son perfectamente conscientes de que existen otras posesiones y cualidades deseables aparte de la virtud, y están completamente dispuestos a concederles todo su valor. También son conscientes de que una acción correcta no indica generalmente una persona virtuosa, y de que acciones que son condenables proceden con frecuencia de cualidades que merecen elogio. Cuando esto resulta patente en cualquier caso particular, ello modifica la estimación que ellos tienen, no del acto ciertamente, sino del agente. Puedo asegurar que, no obstante, consideran que, a la larga, la mejor prueba de que se posee un buen carácter es realizar buenas acciones, y que se niegan por completo a considerar buena ninguna disposición mental cuya tendencia predominante sea la de producir una mala conducta. Esto hace que gocen de mala fama entre mucha gente, pero es una mala fama que tienen que compartir con todo el que considere la distinción entre lo correcto y lo incorrecto seriamente, tratándose de un reproche que un utilitarista consciente no tiene por qué estar deseoso de eludir.

Si todo lo que se quiere decir mediante tal objeción es que muchos utilitaristas se centran en la moralidad de las acciones, conforme con el criterio utilitarista, con una atención demasiado exclusiva, de modo que no toman suficientemente en consideración otras cualidades del carácter que contribuyen a que el ser humano sea amable o admirable, la objeción puede admitirse. Los utilitaristas que han cultivado sus sentimientos morales, pero no su capacidad de empatía, ni su percepción artística, cometen, efectivamente, dicha falta, e igualmente la cometen todos los demás moralistas que se encuentren en el mismo caso. Cuanto pueda decirse en descargo de los demás moralistas también puede decirse en el suyo, a saber, que de cometerse un error es mejor que sea en este sentido.

En realidad podemos afirmar que se da entre los utilitaristas, al igual que entre los defensores de otros sistemas, todo grado imaginable de rigidez y laxitud en la aplicación de su criterio. Algunos son incluso puritanamente severos, mientras que otros son todo lo indulgentes que posiblemente podrían desear pecadores y sentimentales. Sin embargo, en conjunto, cualquier doctrina que destaque de forma prominente hasta qué punto interesa a la humanidad reprimir y evitar las conductas que violen la ley moral posiblemente no esté en peores condiciones que otra que haga lo mismo, en lo que se refiere a conseguir que la opinión pública sancione negativamente tales violaciones. Es cierto que la pregunta: ¿Qué es lo que viola la ley moral?, es una cuestión sobre la que probablemente difieran de vez en cuando los que admiten criterios distintos de moralidad. Pero la diversidad de opiniones respecto a las cuestiones morales no fue introducida por primera vez en el mundo por parte del utilitarismo. Por lo demás, dicha doctrina puede proporcionar un modo de decidir entre opciones diferentes si no siempre fácil, sí en cualquier caso tangible e inteligible.

Quizás no sea superfluo el poner de relieve unas cuantas más interpretaciones erróneas habituales de la ética utilitarista, incluso las que son tan evidentes y burdas que pudiera parecer imposible que fuesen hechas por parte de persona alguna con sensibilidad e inteligencia. Dado que las personas, incluso las dotadas de considerable capacidad mental, a menudo se preocupan muy poco de comprender las consecuencias que se siguen de cualquier opinión contra la que mantienen algún prejuicio, y dado que los hombres en general son poco conscientes de que esta ignorancia voluntaria constituye un defecto, es por lo que nos encontramos con las más ramplonas deformaciones de las doctrinas éticas en los escritos reflexivos de personas con las máximas pretensiones tanto por lo que a lo elevado de sus principios como a su filosofía se refiere.

No es infrecuente que escuchemos cómo se cataloga a la doctrina de la utilidad como una doctrina *atea*. De ser necesario salir al paso de algún modo a tan simple presupuesto, podemos afirmar que la cuestión depende de la idea que nos hayamos formado del carácter moral de la divinidad. Si es verdad la creencia de que Dios desea, por encima de todo, la felicidad de sus criaturas, y que éste fue su propósito cuando las creó, el utilitarismo no sólo no es una doctrina atea, sino que es más profundamente religiosa que alguna otra. Si lo que se quiere decir es que el utilitarismo no reconoce la voluntad divina revelada como suprema ley moral, mi respuesta es que el utilitarista que cree en la bondad y sabiduría absolutas de Dios necesariamente cree que todo lo que Dios ha considerado oportuno revelar sobre cuestiones morales debe cumplir los requisitos de la utilidad en grado supremo. Sin embargo otros, además de los utilitaristas, han sido de la opinión de que la Revelación cristiana tenía como fin, y para ello estaba capacitada, dotar a los corazones y las mentes de los humanos de un espíritu que les permitiese encontrar por sí mismos lo que es correcto y les inclinase a obrar conforme a ello cuando lo encontrasen, más que indicárselo, a no ser en un sentido muy general, a lo que se añade la necesidad reconocida de una doctrina ética, meticulosamente desarrollada, que nos *interprete* la voluntad de Dios. Es superfluo discutir aquí si esta opinión es o no es correcta, ya que cualquier tipo de ayuda que la religión natural o revelada pueda prestar a la investigación ética puede beneficiar tanto al moralista utilitarista como a cualquier otro. Puede hacer uso de ella el utilitarista como aval divino de la utilidad o daño de cualquier tipo determinado de actuación, con el mismo derecho que otros pueden utilizarla para indicar que existe una ley trascendental que no guarda conexión con la utilidad o la felicidad[23].

También se repudia a menudo la doctrina de la utilidad como doctrina inmoral dándole el nombre de doctrina de la «conveniencia» *(expediency)*, aprovechándose del uso popular del término que la opone a los principios morales[24]. Pero lo conveniente, en el sentido en que

---

23. Parece correcta la argumentación de Mill respecto a que si Dios realmente desea la promoción de la felicidad humana, el utilitarismo es la doctrina moral que mejor cuadra con los designios divinos. Con todo, parece advertirse una cierta dosis de sutil ironía en el resto de la argumentación, que puede dar lugar a algún tipo de confusionismo. Así, por ejemplo, el utilitarista que tomase la verdad revelada como la verdad acerca de la utilidad estaría muy lejos de ser un utilitarista, conforme con los propios criterios de Mill. El punto de vista de Mill sobre la relación entre ética y religión puede verse amplia y explícitamente expuesto en «Utility of Religion», ensayo incluido en *Three Essays on Religion*, 1874, versión cast.: *Tres ensayos sobre la religión*, Aguilar, Madrid, 1975.

24. Se refiere aquí Mill a una crítica falaz de la que el utilitarismo fue víctima no sólo en el siglo XIX, sino en la actualidad. Dicha crítica no quiere darse por enterada, al parecer, de que el término «utilidad», tal como es entendido dentro de la doctrina utilitarista, no guarda relación

se opone a lo correcto, generalmente significa lo que es conveniente para los intereses particulares del propio agente, como cuando un ministro sacrifica los intereses de su país para mantenerse en su puesto. Cuando significa algo mejor que esto significa lo que es conveniente para algún objetivo inmediato, algún propósito pasajero, pero que viola una regla cuya observancia es conveniente en un grado muy superior. Lo conveniente, en este sentido, en vez de ser lo mismo que lo útil es una rama de lo dañino. De ese modo, a menudo puede ser conveniente decir una mentira con objeto de superar alguna situación incómoda del momento, o lograr algún objetivo inmediatamente útil para nosotros u otros. Mas, el cultivar en nosotros mismos un desarrollo de la sensibilidad respecto al tema de la verdad es una de las cosas más útiles, y su debilitamiento una de las más dañinas, con relación a aquello para lo que nuestra conducta puede servir. Por otra parte, cualquier desviación de la verdad, aun no intencionada, contribuye en gran medida al debilitamiento de la confianza en las afirmaciones hechas por los seres humanos, lo cual no solamente constituye el principal sostén de todo el bienestar social actual, sino que cuando es insuficiente contribuye más que ninguna otra cosa al deterioro de la civilización, la virtud, y todo de lo que depende la felicidad humana en gran escala. Por ello consideramos que la violación, por

---

alguna con lo que vulgarmente entendemos por «útil». Como se desprende fácilmente de la lectura de *El utilitarismo,* mientras que «útil» en su uso popular se refiere a lo que produce ventajas materiales y contabilizables, «útil» en la filosofía utilitarista significa, por el contrario, lo que produce satisfacciones de toda índole, entre las que ocupan un lugar destacado las «espirituales» y las morales.

una ventaja actual, de una regla de tan trascendental conveniencia no es conveniente y que quien, por motivos de conveniencia suya o de algún otro individuo, contribuye por su parte a privar a la humanidad del bien, e infligirle el mal, implícitos en la mayor o menor confianza que pueda depositarse en la palabra de los demás, representa el papel del peor de los enemigos del género humano. Con todo, el hecho de que esta regla, sagrada como es, admita posibles excepciones, es algo reconocido por todos los moralistas, siendo el principal caso excepcional aquel en que al ocultar algún hecho podamos salvar a un individuo de un grande e inmerecido mal –especialmente cuando se trate de otro individuo que no seamos nosotros mismos–, como ocurre cuando le ocultamos información a un malhechor o malas noticias a una persona gravemente enferma, y cuando la ocultación sólo puede ser realizada mediante la negación. Sin embargo, a fin de que lo excepcional no se extienda más allá de lo necesario, y con objeto de que produzca el menor efecto posible en la debilitación de la confianza en la veracidad, lo excepcional debe ser estipulado y delimitado, si es posible. Y si el principio de la utilidad sirve para algo, debe servir para comparar estas utilidades en conflicto y señalar el ámbito dentro del cual cada una de ellas predomina[25].

---

25. Se ha discutido largamente si el utilitarismo de Mill era susceptible de ser clasificado como un «utilitarismo de la regla» o un «utilitarismo del acto», es decir, una doctrina que juzga de la corrección de los actos en virtud del tipo de reglas en que pueden encuadrarse, siendo un acto correcto si la regla dentro de la que se encuadra es generalmente útil, o una doctrina que juzga directamente la corrección de cada acto en virtud de la utilidad directa que del mismo se deriva. En este pasaje puede observarse la ponderación y equilibrio de Mill a la hora de combinar ambos tipos de utilitarismo.

También se da el caso de que los defensores de la utilidad se ven llevados a menudo a dar réplica a objeciones como la que sigue: no hay tiempo, con anterioridad a la acción para calcular y medir los efectos de una línea de conducta sobre la felicidad general. Esto es exactamente igual a afirmar que es imposible guiar nuestra conducta de acuerdo con los principios cristianos por no disponer de tiempo en todas las ocasiones en las que ha de llevarse algo a cabo, para leer en su totalidad el Viejo y el Nuevo Testamento. La respuesta a tal objeción es la de que se ha dispuesto de mucho tiempo, a saber, todo lo que ha durado el pasado de la especie humana. Durante todo ese tiempo la humanidad ha estado aprendiendo por experiencia las tendencias de las acciones, experiencia de la que depende tanto toda la prudencia como toda la moralidad de nuestra vida. Se habla como si hasta el momento este curso de la experiencia no hubiese comenzado y como si, en el instante en que un hombre se sintiese tentado a interferir en la propiedad o la vida de otro, tuviera que empezar a considerar por primera vez si el asesinato y el robo son perjudiciales para la felicidad humana. Incluso en tal caso no creo que encontrase que la pregunta era muy difícil de contestar; pero, en cualquier caso, se encuentra con este trabajo ya hecho. Resulta, realmente, una presunción caprichosa la de que cuando la humanidad se pone de acuerdo en considerar la utilidad como el criterio de la moralidad, no llegue a acuerdo alguno respecto a lo que es útil, y no cuente con medios para hacer que las nociones sobre esta materia sean enseñadas a los jóvenes e inculcadas mediante la ley y la opinión pública. No es difícil demostrar que cualquier criterio ético funciona mal si suponemos que va acompañado de la estupidez universal. Pero de acuerdo con cualquier hipótesis en la que no se incluya esto último, la humanidad debe haber adquirido ya creencias positivas con relación a los efectos de algunas nociones sobre su felicidad. Creencias que así generadas son las reglas de moralidad para la multitud y también para el filósofo hasta que consiga mejores hallazgos. El que los filósofos puedan lograr esto fácilmente, incluso ahora, con relación a muchos temas, el que el código tradicional de la ética no es en modo alguno de derecho divino y que la humanidad tiene todavía mucho que aprender con relación a los efectos de las acciones sobre la felicidad general, es algo que admiro, o mejor aún que mantengo sin reservas.

Los corolarios del principio de la utilidad, al igual que los preceptos de todas las artes prácticas son susceptibles de mejoras sin límite, y en un estado de progreso de la mente humana su mejora continúa indefinidamente. Pero una cosa es considerar las reglas de la moralidad como no conclusas, otra distinta es pasar por alto enteramente estas generalizaciones intermedias y dedicarse a probar la moralidad de cada acción recurriendo directamente al primer principio[26]. Es algo extraño el que se pueda considerar que el reconocimiento de un primer principio no es compatible con la admisión de principios secundarios. El informar a un viajero con relación al lugar de su destino final no significa prohibirle el que se

---

26. En este pasaje, y en lo que le sigue, puede observarse una matizada e interesante defensa del «utilitarismo de la regla», sobre la base de la necesidad práctica de los principios secundarios.

guíe por señales o letreros en su camino. La proposición de que la felicidad es el fin y objetivo de la moralidad no significa que no pueda establecerse ninguna vía conducente a tal objetivo, o que a las personas que allí se encaminan no deba advertírseles que sigan una dirección en vez de otra. Los hombres deberían realmente dejar de afirmar cosas absurdas sobre este tema que no consentirían en decir ni escuchar sobre otras cuestiones de interés práctico. Nadie argumenta que el arte de navegación no esté fundado en la astronomía porque los marineros no puedan esperar a calcular por sí mismos la carta de navegación. Siendo criaturas racionales salen a la mar con ésta ya calculada. Del mismo modo, todas las criaturas racionales se hacen a la mar de la vida con decisiones ya tomadas respecto a las cuestiones comunes de corrección e incorrección moral, así como con relación a muchas de las cuestiones mucho más difíciles relativas a lo que constituye la sabiduría y la necedad. Y, en la medida en que la previsión es una cualidad humana, se supone que así continuará sucediendo. Cualquiera que sea el principio fundamental de la moralidad que adoptemos, precisamos de principios subordinados para su aplicación. Dado que la imposibilidad de funcionar sin éstos se da en todos los sistemas, no puede servir tal hecho como argumentación en contra de un sistema en particular. Por lo demás, argumentar seriamente como si no fuese posible disponer de tales principios secundarios, como si la humanidad hubiera permanecido hasta ahora, y hubiera de permanecer por siempre, sin derivar conclusiones generales de la experiencia de la vida humana, es el absurdo mayor al que jamás se pudiera llegar en las disputas filosóficas.

2. Qué es el utilitarismo

Los restantes argumentos que restan por examinar en contra del utilitarismo, consisten en su mayoría en achacarle la mayor parte de los males comunes de la naturaleza humana y las dificultades generales con que tropiezan las personas conscientes al configurar su actuación a través de la vida. Se nos dice que el utilitarista será capaz de hacer de su propio caso una excepción a la regla moral y que, cuando sucumba a la tentación, verá mayor utilidad en la violación de la norma que en su observancia. Pero ¿es el utilitarismo el único credo que nos permite presentar excusas para obrar mal y engañar a nuestra propia conciencia? Estas excusas son suministradas abundantemente por todas las doctrinas que reconocen como un hecho dentro de la moral el que existan consideraciones en conflicto, cosa que reconocen todas las doctrinas que han sido aceptadas por personas cabales. No es culpa de ningún credo, sino de la complicada naturaleza de los asuntos humanos, el que las reglas de la conducta no puedan ser elaboradas de modo que no admitan excepciones y que, difícilmente, ningún tipo de acción pueda establecerse con seguridad como siempre obligatoria o siempre condenable. No existe ningún credo moral que no atempere la rigidez de sus leyes concediendo un cierto margen, bajo la responsabilidad del agente, para el acomodo de aquéllas a las peculiaridades de las circunstancias. Y en todos los credos, una vez hecha esta concesión, se introducen el autoengaño y una casuística desaprensiva. No hay sistema moral alguno dentro del cual no se originen casos de obligaciones conflictivas. Éstas son las dificultades reales, los puntos dificultosos, tanto en la teoría ética como en la guía consciente de la conducta personal. Puntos que son superados, en la práctica, con más o menos éxito, conforme a la inteligencia y virtud del individuo. Pero es difícil pretender que alguien pueda estar peor cualificado para superarlos por poseer un criterio último al que puedan referirse los derechos y deberes en conflicto.

Si la utilidad es la fuente última de la obligación moral, puede invocarse la utilidad para decidir entre derechos y obligaciones cuando las demandas de ambos son incompatibles. Aun cuando la aplicación del criterio pueda ser difícil, es mejor que carecer de criterio, pues ocurre que en otros sistemas, al pretender todas las leyes morales autoridad independiente, no existe un poder común autorizado para poner orden entre ellas. Las pretensiones que estas leyes tienen de independencia entre sí no se basan en nada mejor que en sofismas y, a menos que estén determinadas, como ocurre generalmente, por la reconocida influencia de la toma en consideración de la utilidad, proporcionan un campo propicio para el predominio del deseo personal y la parcialidad.

Debemos recordar que sólo en estos casos en que aparecen principios secundarios en conflicto es necesario recurrir a los primeros principios. No existe ninguna obligación moral que no implique algún principio secundario. Cuando se trata de uno solo pocas veces puede haber dudas verdaderas acerca de cuál es, en la mente de las personas que reconocen el principio en cuestión.

3. De la sanción última del principio de utilidad

Se formula a menudo la cuestión, con toda propiedad, respecto a cualquier supuesto criterio moral: ¿Cuál es su sanción? ¿Cuáles son los motivos de obediencia? O, de modo más específico: ¿Cuál es la fuente de la que deriva su obligatoriedad? ¿De dónde procede su fuerza vinculante? Es una tarea necesaria de la filosofía moral la de proporcionar respuesta a esta cuestión que, aun cuando con frecuencia se presupone que es una objeción a la moralidad utilitarista –como si tuviera una mayor aplicación a esta doctrina que a las demás–, se origina, en realidad, con relación a todos los criterios. De hecho, se plantea siempre que se le pide a alguien que *adopte* un criterio, o que refiera la moralidad a alguna base en la que no tiene costumbre de fundamentarla. Sólo la moralidad establecida, aquella que la educación y la opinión pública han consagrado, es la única que se presenta ante la mente como siendo *en sí misma* obligatoria. Cuando a una persona se le pide que considere que esta moralidad *deriva* su obligatoriedad de algún principio general en torno al cual la costumbre no ha colocado el mismo halo, tal afirmación le resulta una paradoja: los supuestos corolarios parecen poseer una fuerza más vinculante que el teorema original. La superestructura parece componérselas mejor sin aquello que se presenta como su fundamento. La persona que se encuentra en tal situación se dice a sí misma: siento que estoy obligada a no robar, no matar, no traicionar, no mentir, pero ¿por qué estoy obligada a promover la felicidad general? Si mi propia felicidad radica en algo distinto, ¿por qué no he de darle preferencia?

Si la posición adoptada por la filosofía utilitarista con relación a la naturaleza del sentido moral es correcta, nos encontraremos siempre con esta dificultad hasta que las influencias que constituyen el carácter moral no hayan tomado tan en cuenta el principio como han tomado en cuenta sus consecuencias –hasta que, mediante mejoras en la educación, el sentimiento de unidad con nuestros semejantes esté tan profundamente enraizado (como no podrá negarse que Cristo quería que fuese) en nuestro carácter y sea para nuestra conciencia una parte de nuestra naturaleza, de modo semejante a como el horror al crimen está arraigado en cualquier joven bien criado–. Mientras tanto, sin embargo, esta dificultad no es algo peculiar de la doctrina utilitarista, sino que es inherente a todo intento de analizar la moralidad y reducirla a principios. Pues ocurre que, a menos que un principio esté ya en la mente humana investido de un carácter tan sagrado como cualquiera de sus aplicaciones, de lo contrario da la impresión de que les priva a éstas de una parte de su propia santidad.

El principio de la utilidad, o bien cuenta con todas las sanciones con las que cuenta cualquier otro sistema moral, o por lo menos no hay razón alguna para que no pudiera contar con ellas. Dichas sanciones son ya bien externas o internas. De las sanciones externas no es necesario hablar demasiado. Se trata de la esperanza de conseguir el favor y el temor al rechazo de nuestros semejantes o el Regidor del Universo, junto con los sentimientos afectivos o de empatía que podamos sentir hacia ellos, o el amor o temor que Él nos inspire, inclinándonos a cumplir su voluntad independientemente de las consecuencias consideradas desde un punto de vista egoísta. Evidentemente, no hay razón por la que estos tres motivos en su conjunto no puedan vincularse con la moralidad utilitarista con la misma intensidad y fuerza como con cualquier otra. De hecho, aquellas sanciones que se refieren a nuestros semejantes es seguro que serán más eficaces en proporción a la aceptación general de que gocen. Exista o no exista algún otro fundamento de la obligación moral que no sea la felicidad general, los hombres efectivamente desean la felicidad y, por muy imperfectos que sean en su propia actuación al respecto, desean y recomiendan en los demás toda conducta hacia ellos mismos mediante la cual consideren que se promociona su felicidad.

Respecto a la motivación religiosa, si los hombres creen, como la mayoría de ellos mantiene, en la bondad de Dios, quienes piensan que el hecho de ser conducente a la felicidad general es la esencia, o incluso el único criterio, de la bondad deben creer, necesariamente, que eso es también lo que Dios aprueba. Por consiguiente, tanto la fuerza toda de las recompensas y castigos externos, ya sean físicos o morales, ya procedan de Dios o de nuestros semejantes, junto con todo aquello que la capacidad de la naturaleza humana presenta como desinteresada devoción por ambos, pueden ser utilizados para reforzar la moralidad utilitarista, en tanto en cuanto tal moralidad sea reconocida, y tanto más en la medida en que la educación y el cultivo general de la persona contribuyen a ese propósito.

Hasta aquí, por lo que a las sanciones externas se refiere. En cuanto a la sanción interna del deber, cualquiera que sea nuestro criterio del deber, es siempre la misma: un sentimiento en nuestro propio espíritu, un dolor más o menos intenso que acompaña a la violación del deber, que en las naturalezas morales adecuadamente cultivadas lleva, en los casos más graves, a que sea imposible eludir el deber. Este sentimiento, cuando es desinteresado y se relaciona con la idea pura del deber y no con alguna forma particular del mismo, o con alguna de las circunstancias meramente accesorias, constituye la esencia de la conciencia. Ocurre, sin embargo, que en este fenómeno tan complejo, tal como ahora se presenta, el hecho desnudo aparece en general arropado con asociaciones colaterales derivadas de la simpatía, el amor, y todavía en mayor medida el temor, como asimismo de todas las formas de sentimiento religioso, de los recuerdos de nuestra infancia y vida pasada, de la autoestima, del deseo de estimación por parte de los demás e incluso, en ocasiones, de autohumillación.

Estas complicaciones extremas, en mi opinión, son el origen del tipo de carácter místico que –debido a una tendencia del espíritu humano del que contamos con otros muchos ejemplos– suele atribuirse a la idea de la obligación moral, que lleva a la gente a creer que dicha idea no puede asociarse en modo alguno a otros objetos que no sean aquellos que, a causa de una supuesta misteriosa ley, encontramos en nuestra experiencia actual que la producen.

Sin embargo, su fuerza vinculante se debe a la existencia de una serie de sentimientos que deben violentarse para llevar a cabo lo que se opone a nuestro criterio de lo correcto, los cuales, a su vez, si no obstante contravenimos dicho criterio, probablemente reaparecerán posteriormente en forma de remordimiento. Cualquiera que sea la teoría de la que dispongamos acerca de la naturaleza u origen de la conciencia, esto es en esencia lo que la constituye.

Siendo, por consiguiente, la sanción última de toda moralidad (al margen de los motivos externos) un sentimiento subjetivo de nuestro propio espíritu, no veo ninguna dificultad para aquellos que siguen el criterio de utilidad, a la hora de enfrentarse a la cuestión de cuál es la sanción de ese criterio en particular. Aquí podemos contestar, al igual que con respecto a todos los restantes criterios morales: los sentimientos conscientes de la humanidad. No cabe duda de que esta sanción no tiene fuerza vinculante en aquellos que no poseen los sentimientos a los que se apela. Sin embargo, también es cierto que estas personas tampoco estarán más dispuestas a obedecer a ningún otro principio moral distinto al utilitarista. Sobre ellos no ejerce influencia alguna la moralidad de cualquier signo que sea, a no ser a través de sanciones externas. Por lo demás, existen sentimientos, como hecho de la naturaleza humana, cuya realidad, así como el gran poder que son capaces de ejercer en aquellos que han sido debidamente educados, es algo probado por la experiencia. Jamás se ha demostrado que no puedan ser cultivados por los utilitaristas tan intensamente como por cualquier otra regla moral[1].

Soy consciente de que existe una tendencia a pensar que una persona que considera la obligación moral como algo trascendente, como una realidad objetiva perteneciente al ámbito de las «cosas en sí», está más predispuesta a cumplir conforme a ella más prontamente que el que considera que es algo completamente subjetivo, que tiene su asiento en la conciencia humana únicamente. Sin embargo, al margen de cuál sea la opinión de una persona sobre esta cuestión ontológica, lo que realmente le urge a obrar es su propio sentimiento subjetivo que es medido debidamente por la fuerza que presenta.

No hay otra creencia más fuerte en la realidad objetiva del deber que la de quienes consideran que dicha realidad es Dios. Con todo, la creencia en Dios, aparte de los esperados premios y castigos reales, opera únicamente en la conducta a través de, y en proporción a, el sentimiento

---

1. Aquí, como en otros pasajes de la presente obra, si bien de modo embrionario, se contiene un anticipo de teorías «desarrollamentistas» como la de Kohlberg, para quien los individuos a los que se refiere Mill como movidos únicamente por las sanciones externas se encuadrarían, como es bien conocido, en el nivel convencional, que implica un desarrollo moral incompleto y deficitario, que es (¿o ha de ser?) superado al alcanzar el nivel posconvencional.

3. De la sanción última del principio de utilidad

religioso subjetivo. La sanción, en la medida en que es desinteresada, radica siempre en el propio espíritu. La idea que tiene el moralista trascendental será, sin duda, la de que tal sanción no se producirá en el espíritu a menos que se crea que tiene su origen fuera del espíritu, y que si una persona puede decirse a sí misma: «Lo que me constriñe, y yo denomino conciencia, es sólo un sentimiento de mi propio espíritu», sacará probablemente la conclusión de que tan pronto no exista dicho sentimiento no existe la obligación, y que tan pronto dicho sentimiento le resulte molesto lo descartará y tratará de liberarse de él. Podemos preguntar, ¿existe sólo este peligro con relación a la moralidad utilitarista? ¿Es cierto que el hecho de que se piense que la obligación moral tiene su asiento fuera del espíritu hace que el sentimiento de obligación sea tan fuerte que no pueda uno librarse de él? La realidad es tan distinta que todos los moralistas admiten, lamentándose, la facilidad con la que, en la generalidad de los espíritus, la conciencia puede ser silenciada u ocultada. Tanto personas que nunca han oído hablar del utilitarismo como quienes lo defienden se preguntan con frecuencia: «¿Tengo que obedecer a mi conciencia?». Aquellos cuya conciencia sea tan débil como para permitir formular tal pregunta, en caso de que contesten afirmativamente, no lo harán a causa de su creencia en la teoría trascendental, sino debido a las sanciones externas.

No es necesario, para los fines presentes, decidir si el sentimiento de deber es innato o adquirido. Presuponiendo que sea innato, queda por resolver a qué objetos se une naturalmente, ya que los que apoyan filosóficamente dicha teoría coinciden ahora en que lo que se percibe intuitivamente son los principios de la moralidad, no sus detalles. De haber algo innato de este tipo, no veo la razón por la que el sentimiento innato no pudiera ser el de la consideración de los placeres y los dolores de los demás. Si existe algún principio moral que sea intuitivamente obligatorio, yo diría que éste debe serlo. De ser así la ética intuicionista coincidiría con la utilitarista y ya no habría lugar a más disputas entre ambas. Incluso tal como están ahora las cosas los moralistas intuicionistas, aunque consideran que existen otras obligaciones morales intuidas ya consideran, en efecto, que ésta es una de ellas, por cuanto unánimemente mantienen que una gran *parte* de la moralidad consiste en la consideración debida de los intereses de nuestros semejantes. Por consiguiente, de ser cierto que la creencia en el origen trascendental de la obligación moral otorgue alguna eficacia adicional a la sanción interna, considero que el principio utilitarista ya puede disfrutar de este beneficio.

Por otra parte, si, como yo creo, los sentimientos morales no son innatos sino adquiridos, no son por ello menos naturales. Es natural que un hombre hable, razone, construya ciudades, cultive la tierra, etc., aunque ello implique facultades adquiridas. Los sentimientos morales no son, desde luego, una parte de nuestra naturaleza en el sentido de encontrarse en grado perceptible presentes en todos nosotros, cosa que tienen que admitir forzosamente aquellos que creen con más fuerza en su origen trascendental. Al igual que las demás capacidades adquiridas a las que nos hemos referido anteriormente, la facultad moral, si bien no es parte de nuestra naturaleza, es

3. De la sanción última del principio de utilidad

un producto natural de ella. Puede desarrollarse, como las anteriormente citadas capacidades, en un determinado grado, espontáneamente, siendo susceptible de alcanzar, mediante su cultivo, un elevado grado de desarrollo. Desafortunadamente, también es susceptible, mediante un uso suficiente de sanciones externas y la fuerza de las impresiones primeras, de ser cultivado casi en cualquier sentido, de modo que no hay nada, por absurdo y maligno que sea, que no pueda hacer que actúe, mediante dichas influencias, sobre el espíritu[2] humano con toda la autoridad de la conciencia. El dudar de que pueda conferírsele, utilizando los mismos medios, una fuerza igual al principio de la utilidad, aun cuando careciese de fundamento en la naturaleza humana, supondría dar la espalda a la experiencia.

Sin embargo, las asociaciones morales que son totalmente una creación artificial, conforme avanza el cultivo del intelecto, se rinden poco a poco a la fuerza disolvente del análisis, de suerte que si el sentimiento del deber cuando se asocia con la utilidad se presentase como igualmente arbitrario, si no existiese una parte importante de nuestra naturaleza, o alguna clase de sentimientos poderosos con los que pudiese armonizarse tal asociación y que nos hiciese sentirla como algo propio, inclinándonos no sólo a desarrollarla en los demás (para lo cual contamos con bastantes motivos interesados), sino incluso a apreciarla en

---

2. En este, y en algunos otros lugares, he utilizado el vocablo castellano «espíritu» como equivalente aproximado del término inglés *mind*, ya que si bien haberlo traducido más literalmente por «mente» hubiera hecho tal vez más justicia a Mill, supondría un uso muy forzado de tal expresión en castellano, en contextos como éste.

nosotros mismos, si no existiese, en suma, una base sentimental natural para la moralidad utilitarista, bien pudiera ocurrir que también esta asociación, incluso después de haber sido implantada mediante la educación, pudiera desvanecerse mediante el análisis.

Sin embargo, esta base de sentimientos naturales potentes *existe,* y es ella la que, una vez que el principio de la felicidad general sea reconocido como criterio ético, constituirá la fuerza de la moralidad utilitarista. Esta base firme la constituyen los sentimientos sociales de la humanidad –el deseo de estar unidos con nuestros semejantes, que ya es un poderoso principio de la naturaleza humana y, afortunadamente, uno de los que tienden a robustecerse incluso sin que sea expresamente inculcado dada la influencia del progreso de la civilización–. El estado social es a la vez tan natural, tan necesario y tan habitual para el hombre que, con excepción de algunas circunstancias poco comunes, o a causa del esfuerzo de una abstracción voluntaria, puede el ser humano concebirse a sí mismo más que como miembro de un colectivo. Sentimiento de asociación que se refuerza más y más, conforme la humanidad abandona el estado de independencia salvaje.

Por consiguiente, todos los requisitos que son necesarios para la vida en sociedad se convierten cada vez más en un elemento indispensable de la idea que una persona se forma de la condición en la que nace, y que constituye el destino del ser humano. Ahora bien, las relaciones sociales entre los seres humanos, excluidas las que se dan entre amo y esclavo, son manifiestamente imposibles de acuerdo con ningún otro presupuesto que el de que sean

3. De la sanción última del principio de utilidad

consultados los intereses de todos. La sociedad entre iguales sólo es posible en el entendimiento de que los intereses de todos son considerados por igual. Y, puesto que en todos los estadios de la civilización todo el mundo, excepto el monarca absoluto, tiene sus iguales, todo el mundo se ve obligado a vivir en tales términos con alguien. Por lo demás, en todas las épocas se produce algún progreso hacia un estadio en el que será imposible vivir permanentemente en términos que no sean éstos con todo el mundo. De este modo a la gente se le hace imposible concebir que pueda darse una desconsideración total de los intereses de los demás. Sienten la necesidad de concebirse a ellos mismos, por lo menos, evitando las afrentas más groseras y (aunque sólo sea para protección propia) viviendo en un estado de continua denuncia de aquéllas. También están familiarizados con el hecho de cooperar con los demás y proponerse un interés colectivo, en lugar de individual, como fin de sus acciones (al menos, de momento)[3]. En la medida en que cooperan, sus fines se identifican con los de los demás. Se produce, al menos, un sentimiento provisional de que los intereses de los demás son sus propios intereses.

Por otra parte, no sólo, efectivamente, el reforzamiento de los vínculos sociales, como asimismo todo el desarrollo

---

3. Aquí aparece claro el deseo de Mill de que los intereses individuales sean, a su vez, debidamente atendidos. La expresión «at least for the time being», que he traducido por «al menos de momento», encierra la esperanza de que llegará el tiempo en que los sacrificios individuales en aras de la colectividad no sean precisos. El supuesto «colectivismo» de Mill, subordinando los intereses particulares a los de la mayoría, es tan sólo un remedio al deplorable estado actual de las cosas.

armonioso de la sociedad, proporcionan a cada individuo un interés personal más fuerte en consultar prácticamente el bienestar de los demás, sino que también le llevan a identificar sus *sentimientos* cada vez más con el bien ajeno, o al menos con un constante aumento gradual de su consideración de aquél. El hombre llega, como por instinto, a ser consciente de sí mismo como un ser que, *por supuesto,* presta atención a los demás. Llega a resultarle el bien de los demás algo a lo que natural y necesariamente ha de atender, en igual medida que a las necesidades físicas de la existencia. Ahora bien, cualquiera que sea el grado de desarrollo de este sentimiento en una persona, se ve forzada por los más fuertes motivos, tanto el interés personal como la simpatía, a demostrarlo, e intentar con todas sus fuerzas promoverlo en los demás. E incluso si carece de este tipo de sentimiento por su parte, le interesará tanto como a los demás que los otros lo posean. En consecuencia, se aprovechan y cultivan los más leves indicios de este sentimiento mediante el contagio de la simpatía *(sympathy)* y la influencia de la educación, tejiéndose una red de asociaciones aprobatorias a su alrededor, mediante el uso de la poderosa agencia de las sanciones externas.

Conforme la civilización avanza, este modo de concebirnos a nosotros mismos y a la vida humana se considera cada vez más natural. Todos los pasos llevados a cabo en el progreso político lo hacen más posible, eliminando las causas de intereses contrapuestos y nivelando aquellas desigualdades en los privilegios que la ley ampara entre individuos y clases, a causa de los cuales existen amplios sectores de la humanidad cuya felicidad se pasa

3. De la sanción última del principio de utilidad

por alto en la práctica. En un estado de progreso del espíritu humano se da un constante incremento de las influencias que tienden a generar en todo individuo un sentimiento de unidad con todo el resto, sentimiento que, cuando es perfecto, hará que nunca se piense en, ni se desee, ninguna condición que beneficie a un individuo particularmente, si en ella no están incluidos los beneficios de los demás.

Si suponemos ahora que este sentimiento de unidad ha de ser enseñado como si de una religión se tratase, y que toda la fuerza de la educación, las instituciones y la opinión pública ha de ser dirigida, como se hizo en su tiempo con la religión, a lograr que cada persona crezca desde su infancia rodeada por todas partes de la profesión y práctica del mismo, no creo que nadie que pueda imaginarse eso tendrá reparo alguno respecto a la suficiencia de la sanción última de la moralidad de la Felicidad. A cualquier estudioso de la ética que le resulte difícil comprender esto le recomiendo, como medio para facilitarle dicha comprensión, la segunda de las dos principales obras de Comte, el *Système de Politique Positive*[4]. Personalmente mantengo las objeciones más fuertes respecto al sistema de política y moral establecido en dicho tratado; sin embargo, considero que ha demostrado cumplidamente la posibilidad de poner al servicio de la humanidad, aun sin la ayuda de la creencia en la Providencia, tanto el poder psicológico como

---

4. Cuyo título completo es: *Système de Politique Positive, ou Traité de sociologie, instituant la Religion de l'humanité,* 4 vols., París, Mathias, 1851-1854.

la eficacia social de una religión, haciendo que este sentimiento se convierta en el centro de la vida humana, conformando nuestros pensamientos, sentimientos y acciones de un modo tal que la gran ascendencia que jamás haya podido ejercer cualquier religión no sea sino una muestra y anticipo. Hasta tal punto es esto así, que el peligro de su utilización radicaría no en que fuese insuficiente, sino en que podría pecar de excesivo al interferir indebidamente con la libertad y la individualidad humanas.

Tampoco es necesario que el sentimiento que constituye la fuerza vinculante de la moralidad utilitarista en aquellos que la reconocen aguarde la colaboración de aquellas influencias sociales que harán que la humanidad en su conjunto la experimente como obligatoria. En el estadio relativamente primitivo del desarrollo humano en que ahora nos encontramos, una persona no puede, desde luego, sentir aquella profunda simpatía hacia todos los demás que haría imposible cualquier discordia real en la dirección general de su conducta en la vida. Sin embargo, ya ahora, aquellas personas en quienes el sentimiento social está en alguna medida desarrollado no pueden consentir en considerar al resto de sus semejantes como rivales suyos en la lucha por los medios para la felicidad, a los que tengan que desear ver derrotados a fin de poder alcanzar los objetivos propios.

El concepto profundamente arraigado que todo individuo, incluso en el presente estadio, tiene ya de sí mismo como ser social, tiende a hacerle experimentar que uno de sus deseos naturales es el de que se produzca una armonía entre sus sentimientos y objetivos y los de sus semejantes. Si las diferencias de opinión y de cultura intelectual hacen que le sea imposible compartir los sentimientos reales de los demás, tal vez incluso le hagan condenar y rechazar tales sentimientos –sin embargo, tiene que ser consciente de que su objetivo real y el de los demás no son excluyentes–. Es decir, tiene que comprender que no se opone a lo que los demás realmente desean con vistas, pongamos por caso, a su propio bien, sino que, por el contrario, está contribuyendo a su consecución. En la mayoría de los individuos este sentimiento es mucho menos profundo que los sentimientos de tipo egoísta, y a menudo se carece de él por completo. Mas, quienes lo experimentan, son poseedores de algo que presenta todas las características de un sentimiento natural. No lo consideran como una superstición, fruto de la educación, o una ley impuesta despóticamente por la fuerza de la sociedad, sino como un atributo del que no deberían prescindir. Esta convicción es la sanción última de la moralidad de la mayor felicidad[5]. Ella es la que hace a cualquier mente a la que acompañen sentimientos bien desarrollados trabajar conjuntamente con, y no en contra de, los motivos exteriores que nos llevan a preocuparnos de los demás, motivos que son promovidos por lo que yo he denominado sanciones externas. Cuando no existen estas últimas sanciones, o actúan en dirección

---

5. Expresión para referirse al principio utilitarista, cuya formulación completa sería el tomar en consideración la «mayor felicidad del mayor número».

opuesta, la convicción mencionada constituye en sí misma una poderosa fuerza interna vinculante, que guarda proporción con la sensibilidad y madurez del individuo. Sólo aquellos que carecen de toda idea de moralidad podrían soportar llevar una vida en la que se planease no tomar en consideración a los demás a no ser en la medida en que viniese exigido por los propios intereses privados.

4. De qué tipo de prueba es susceptible el principio de utilidad

Ya he señalado que las cuestiones relativas a los fines últimos no admiten prueba en la acepción ordinaria del término. El carecer de prueba mediante razonamiento es algo común a todos los primeros principios, tanto por lo que se refiere a las primeras premisas de nuestro conocimiento como a las concernientes a nuestra conducta. Sin embargo, las primeras, siendo cuestiones fácticas, pueden ser objeto de una apelación directa a las facultades que juzgan de los hechos, a saber nuestros sentidos y nuestra conciencia interna. ¿Puede apelarse a estas mismas facultades en las cuestiones que atañen a los fines prácticos? O, ¿mediante qué otra facultad puede lograrse conocimiento de ellos?

Las cuestiones relativas a los fines son, en otras palabras, cuestiones relativas a qué cosas son deseables. La doctrina utilitarista mantiene que la felicidad es deseable, y además la única cosa deseable, como fin, siendo todas las demás cosas sólo deseables en cuanto medios para tal fin. ¿Qué necesita esta doctrina –qué requisitos precisa cumplir la misma– para hacer que logre su pretensión de ser aceptada?

La única prueba que puede proporcionarse de que un objeto es visible es el hecho de que la gente realmente lo vea. La única prueba de que un sonido es audible es que la gente lo oiga. Y, de modo semejante, respecto a todas las demás fuentes de nuestra experiencia. De igual modo, entiendo que el único testimonio que es posible presentar de que algo es deseable es que la gente, en efecto, lo desee realmente[1]. Si el fin que la doctrina utilitarista se propone a sí misma no fuese, en teoría y en la práctica, reconocido como fin, nada podría convencer a persona alguna de que era tal cosa. No puede ofrecerse razón ninguna de por qué la felicidad general es deseable excepto que cada persona, en la medida en que considera que es alcanzable, desea su propia felicidad[2]. Siendo esto, sin embargo, un hecho, contamos no sólo con las pruebas suficientes para el caso, sino con todas las que pudiera requerir la justificación de que la felicidad es un bien: que la felicidad de cada persona es un bien para esa

---

1. La manifiesta confusión por parte de Mill entre «deseado» y «deseable» ha sido duramente criticada, especialmente a partir de G. E. Moore, en el capítulo IV de los *Principia ethica*. Otros autores, sin embargo, han juzgado más positivamente tal aseveración por parte de Mill, como Brandt en su *Teoría ética* (véase versión cast. de E. Guisán en Alianza Universidad Textos, Madrid, 1982, p. 308, especialmente), o tal como ya lo había hecho Schlick en sus *Fragen der Ethik*.
2. Se trataría de postular aquí un hedonismo «psicológico» que servirá de base, en el caso de Mill, para fundamentar su hedonismo ético universal.

persona, y la felicidad general, por consiguiente, un bien para el conjunto de todas las personas[3], de tal modo que la felicidad exhibe su título como *uno* de los fines de la conducta y, consecuentemente, como uno de los criterios de moralidad.

Pero con esto sólo no ha demostrado ser el único criterio. Para conseguirlo, de acuerdo con la misma regla, parecería necesario demostrar, no sólo que la gente desea la felicidad, sino que nunca desea ninguna otra cosa. Ahora bien, resulta palmario que las personas sí desean cosas que, en el lenguaje ordinario, se distinguen claramente de la felicidad. Por ejemplo, desean la virtud y la ausencia del vicio con no menor fuerza, realmente, que desean el placer y la ausencia del dolor. El deseo de la virtud no es tan universal, pero es un hecho tan real como el deseo de la felicidad. De ahí que los que se oponen al criterio utilitarista estimen que tienen derecho a inferir que existen otros fines de las acciones humanas además de la felicidad, y que la felicidad no es el criterio de aprobación y desaprobación.

Sin embargo, ¿niega la doctrina utilitarista que la gente desee la virtud, o mantiene que la virtud no es algo que haya de ser deseado? Todo lo contrario. Mantiene

---

3. Se acusa a Mill de incurrir en la «falacia de la composición» al argumentar de este modo. Es decir, no parece plausible derivar del hecho de que la felicidad de A sea un bien para A, la felicidad de B un bien para B, y la felicidad de C un bien para C, que la felicidad de A + B + C sea un bien para el conjunto A + B + C. Al lector interesado en la posible defensa de la tesis de Mill le remitimos al capítulo 3 de la obra de W. D. Hudson: *La filosofía moral contemporánea*, Alianza Universidad, Madrid, 1974, especialmente p. 84. Sobre este aspecto véase también la Introducción a esta obra.

no solamente que la virtud ha de ser deseada, sino que ha de ser deseada desinteresadamente, por sí misma[4]. Sea cual sea la opinión de los moralistas utilitaristas con relación a las condiciones originales que hacen que la virtud devenga virtud, y por más que puedan considerar (como, de hecho, ocurre) que las acciones y disposiciones son solamente virtuosas debido a que promocionan algún otro fin que la virtud, con todo, admitido esto, y habiéndose decidido –teniendo en cuenta estas consideraciones– lo que *es* virtuoso, no sólo colocan la virtud a la cabeza misma de las cosas que son buenas como medios para el fin último, sino que también reconocen como hecho psicológico la posibilidad de que constituya, para el individuo, un bien en sí mismo, sin buscar ningún otro fin más allá de él.

Mantienen además los utilitaristas que el estado de ánimo no es el correcto, ni se adecua al principio de la Utilidad, ni es un estado que conduzca mejor a la felicidad general, a menos que se dé el amor a la virtud en este sentido –como algo deseable en sí mismo–, aun cuando, en el caso particular, no produjese aquellas otras consecuencias deseables que tiende a producir, y a causa de las cuales se estima como virtud. Esto no significa, en el mínimo grado, un abandono del principio de la Felicidad. Los ingredientes de la felicidad son muy variados y cada uno de ellos es deseable en sí mismo, y no simplemente cuando se le considera como parte de un agregado. El

---

4. Al lector interesado en estudiar este llamativo y controvertido aspecto de la conexión entre la virtud y el utilitarismo le remitimos al artículo de John Kilcullen: «Utilitarianism and Virtue», en la revista *Ethics,* vol. 93, núm. 3, abril de 1983.

4. De qué tipo de prueba es susceptible el principio de utilidad

principio de la Utilidad no significa que cualquier placer determinado, como por ejemplo la música, o cualquier liberación del dolor, como por ejemplo la salud, hayan de ser considerados como medios para un algo colectivo denominado Felicidad y hayan de ser deseados por tal motivo. Son deseados y deseables en y por sí mismos. Además de ser medios, son parte del fin[5].

La virtud, conforme con la doctrina utilitarista, no es natural y originariamente parte del fin, pero es susceptible de llegar a serlo. En aquellos que la aman desinteresadamente ya lo es, deseándola y apreciándola no como medio para la felicidad, sino como parte de su felicidad[6].

---

5. Es éste un aspecto de la argumentación de Mill generalmente pasado por alto, o mal interpretado. La felicidad, de acuerdo con Mill, no podría considerarse como una «entidad» determinada, sino que podría interpretarse, más bien, como una expresión abreviada para referirse a una serie de bienes y condiciones que posibilitan la satisfacción profunda y duradera del ser humano. En este sentido las críticas al hedonismo contenidas en el *Filebo* de Platón, o en los *Principia Ethica* de Moore, así como en la *Ética* de Nowell-Smith, no afectarían en modo alguno a Mill.

6. No suele tomarse en cuenta, debidamente, esta concepción «moral» de la felicidad por parte de Mill, que considera al individuo como agente moral, con sentimientos desarrollados al respecto. Es éste uno de los puntos que más le distancia de Bentham, como Mill ha destacado en el trabajo que con el título «Bentham» fue publicado en la *London and Westminster Review,* en agosto de 1838. Dirá allí Mill, criticando a Bentham: «El hombre nunca es reconocido por él (Bentham) como un ser capaz de perseguir la perfección espiritual como un fin; de desear por sí misma la conformidad de su propio carácter con su criterio de excelencia...» (véase dicho artículo en *John Stuart Mill: Utilitarianism,* ed. por Mary Warnock, Collins, Glasgow, 1979, p. 100).

Para ilustrar esto más ampliamente, podemos recordar que no es la virtud el único objeto, originariamente un medio, que de no ser un medio para otra cosa sería y continuaría siendo algo indiferente, pero que por asociación con aquello para lo que es un medio, llega a ser deseado por sí mismo, y esto, a su vez, con la mayor intensidad. ¿Qué diremos, por ejemplo, del amor al dinero? No hay nada originariamente que haga al dinero más deseable que a cualquier montón de guijarros brillantes. Su valor radica únicamente en el de las cosas que con él se pueden adquirir: los deseos de otras cosas distintas al dinero y para las que éste es un medio de gratificación. Sin embargo, el amor al dinero no es sólo una de las fuerzas más poderosas que mueven al hombre, sino que el dinero es, en muchos casos, deseado en y por sí mismo. El deseo de poseerlo es, a menudo, más fuerte que el deseo de utilizarlo, y continúa incrementando cuando se desvanecen todos los deseos que apuntan a fines que le trascienden y que son conseguidos por su mediación. Puede decirse, pues, en verdad, que el dinero no es deseado con vistas a un fin, sino que es parte de dicho fin. De constituir un medio para la felicidad, se ha convertido a sí mismo en el principal constituyente de la concepción que un individuo se forma de la felicidad.

Lo mismo puede decirse con relación a la mayor parte de los grandes objetivos de la vida humana: el poder, por ejemplo, o la fama. Con la salvedad de que a estos dos últimos va aparejada una cierta dosis de placer inmediato que da la apariencia, por lo menos, de ser algo inherente a los mismos, cosa que no ocurre en el caso del dinero. Con todo, sin embargo, la fortísima atracción natural tanto del

4. De qué tipo de prueba es susceptible el principio de utilidad

poder como de la fama, radica en la enorme ayuda que proporcionan con vistas a la satisfacción de nuestros restantes deseos. Es la estrecha asociación que de este modo se genera entre ellos y nuestros objetos de deseo, lo que dota al deseo directo de los primeros de la intensidad que a menudo presenta, de modo que en algunas personas sobrepasa en fuerza a todos los deseos restantes. En dichos casos los medios se han convertido en parte del fin, siendo además una parte del fin más importante que cualquiera de las cosas que obtenemos por su mediación. Lo que en un tiempo se deseó como instrumento para la obtención de la felicidad, se desea ahora por sí mismo. Al ser deseado por sí mismo, no obstante, resulta deseado como *parte* de la felicidad. La persona es feliz, o cree serlo, por su mera posesión, y es desdichada si no es capaz de conseguirlo. Su deseo no es algo distinto del deseo de felicidad, como tampoco lo es el amor a la música o el deseo de salud. Todo ello está incluido en la felicidad. Todo ello constituye parte de los elementos con los que se genera el deseo de felicidad. La felicidad no es una idea abstracta, sino un todo concreto y éstas son algunas de sus partes. El criterio utilitarista sanciona y aprueba que así sea. La vida sería algo muy pobre, muy mal provista de fuentes de felicidad, a falta de esta disposición de la naturaleza, mediante la cual cosas que en principio eran indiferentes, pero que conducían a, o estaban asociadas en algún otro sentido con, la satisfacción de nuestros deseos primitivos, se convierten ellas mismas en fuentes de placer más valiosas que los placeres primitivos, tanto por lo que a su permanencia se refiere en el espacio de la existencia humana que son capaces de abarcar, como a su intensidad.

La virtud, de acuerdo con la concepción utilitarista, es un bien de este tipo. No existe un deseo originario de ella, o motivo para ella, salvo su producción de placer y, especialmente, su protección del dolor. Pero mediante la asociación que se forma puede ser considerada como buena en sí misma y deseada en este sentido con tanta intensidad como cualquier otro bien. Con una diferencia: la de que mientras que el amor al dinero, al poder, la fama, etc., pueden convertir al individuo, y a menudo así sucede, en un ser nocivo para los demás miembros de la sociedad a la que pertenece, no hay nada que le haga más beneficioso para los demás que el cultivo y el amor desinteresado de la virtud. Consecuentemente, el criterio utilitarista mientras que tolera y aprueba todos aquellos otros deseos adquiridos, en tanto en cuanto no sean más perjudiciales para la felicidad general que aliados de ella, recomienda y requiere el cultivo del amor a la virtud en la mayor medida posible, por ser, por encima de todas las demás cosas, importante para la felicidad.

Resulta de las consideraciones precedentes que no existe en la realidad nada que sea deseado excepto la felicidad. Todo lo que es deseado de otro modo que no sea medio para algún fin más allá de sí mismo, y en última instancia para la felicidad, es deseado en sí mismo como siendo él mismo una parte de la felicidad, y no es deseado por sí mismo hasta que llega a convertirse en ello. Quienes desean la virtud por sí misma la desean ya bien porque la conciencia de ella les proporciona placer, o porque la conciencia de carecer de ella les resulta dolorosa, o por ambas razones conjuntamente. Como, en realidad, raras veces el placer y el dolor se presentan por separado, sino que casi

4. De qué tipo de prueba es susceptible el principio de utilidad

siempre aparecen juntos, la misma persona experimenta placer en la medida en que ha alcanzado la virtud, y el dolor por no haber alcanzado más. Si una de estas cosas no le proporcionase placer y la otra dolor, no amaría ni desearía la virtud, o la desearía sólo por los demás beneficios que podría producirle a ella o a las personas de su estima.

Contamos ahora, pues, con una respuesta a la pregunta relativa a qué tipo de prueba puede someterse el principio de la utilidad. Si la opinión que he manifestado ahora es psicológicamente verdadera –si la naturaleza humana está constituida de tal forma que no desea nada que no sea ya bien una parte de la felicidad o un medio para la felicidad– no podemos contar con ninguna otra prueba, y no necesitamos otra, con relación a que éstas son las únicas cosas deseables. De ser así, la felicidad es el único fin de la acción humana y su promoción el único criterio mediante el cual juzgamos toda la conducta humana; de donde se sigue necesariamente que debe constituir el criterio de la moralidad, ya que la parte está incluida en el todo.

Ahora bien, decidir si esto es así efectivamente, si la humanidad en realidad no desea nada por sí mismo sino lo que le produce placer, o aquello de cuya ausencia se deriva dolor, constituye una cuestión fáctica del mundo de la experiencia que depende, al igual que todas las cuestiones semejantes, de los testimonios con los que contemos. Sólo puede ser resuelta mediante la práctica de la autoconciencia y la autoobservación, asistidas por la observación de los demás. Creo que, desde una perspectiva imparcial, estos testimonios demostrarán que desear una cosa y encontrarla agradable, sentir aversión por la misma y considerarla dolorosa, son fenómenos absolutamente inseparables, o más bien dos partes del mismo fenómeno. Siendo estrictos, habría que decir que se trata de dos modos distintos de nombrar el mismo hecho psicológico: que el considerar a un objeto deseable (a menos que se tengan en cuenta sus consecuencias) y considerarlo agradable son una y la misma cosa, y que desear algo, a no ser en la medida en que la idea de ello sea agradable es una imposibilidad física y metafísica[7].

Lo anterior me resulta tan evidente que espero que difícilmente sea puesto en cuestión. Por lo demás, lo que se puede objetar será no que el deseo pueda dirigirse en modo alguno a ninguna otra cosa como objeto último excepto el placer y la exención del dolor, sino que la voluntad sea algo distinto del deseo; es decir, que una persona de virtud consolidada, o cualquier otra cuyas metas sean firmes, realiza sus propósitos sin pensar en modo

---

7. Aquí cabría distinguir, posiblemente, entre la idea agradable de algo y la idea de algo agradable, al igual que Bradley (1846-1924) distinguió entre «*a pleasant thought*» y «*the thought of a pleasure*» (en su obra *Ethical Studies* de 1876). En tal sentido se podría argumentar, en contra de Mill, que todo el mundo se mueve por ideas agradables, y no sin embargo por la idea de lo agradable.

No obstante, a no ser que nos basemos en una concepción platónica del lenguaje (presente en G. E. Moore, por ejemplo), de acuerdo con la cual a cada palabra corresponde un «objeto» distinto, no nos vemos forzados a asegurar que cuando pensamos en lo agradable pensamos en algo distinto a aquellas cosas cuya idea nos resulta agradable. La argumentación precedente de Mill, al explicar cómo cosas distintas al «placer» devienen parte del mismo, podría ser una explicación convincente de cómo el lenguaje opera fluidamente trasladando determinadas connotaciones de un objeto a otro.

4. De qué tipo de prueba es susceptible el principio de utilidad

alguno en el placer que obtiene al contemplarlos, o el que espera derivar de su realización, persistiendo en obtenerlos aun cuando dichos placeres disminuyan en gran medida a causa de los cambios de su carácter o el debilitamiento de su sensibilidad pasiva, o cuando sean superados por el sufrimiento que la persecución de sus propósitos pueda ocasionarle. Admito todo esto por completo, y así lo he declarado en otros lugares, con tanta fuerza y energía como cualquier otro. La voluntad *(will)*, el fenómeno activo, es algo distinto del deseo, estado de sensibilidad pasiva, y aun siendo originariamente un producto de éste, puede con el tiempo tomar vida propia y separarse de su progenitor, hasta tal punto que en el caso de los fines habituales en vez de quererlos *(will)* porque los deseamos *(desire)*, a menudo los deseamos porque los queremos. Esto, sin embargo, no es sino un ejemplo del hecho bien conocido de la fuerza del hábito, que en modo alguno se limita al caso de las acciones virtuosas. Muchas cosas indiferentes, que los hombres en principio realizaban por un motivo determinado, siguen siendo realizadas a causa del hábito. A veces, esto se hace inconscientemente, apareciendo la conciencia sólo con posterioridad al acto. Otras veces, va acompañado de la volición consciente, si bien una volición que se ha hecho habitual y que se pone en ejercicio por la fuerza del hábito, en oposición, tal vez, a la preferencia deliberada, como ocurre con frecuencia en el caso de quienes han adquirido hábitos viciosos o perjudiciales.

En tercero, y último lugar, tenemos el caso en que el acto habitual de la voluntad en la circunstancia particular, no está en contraposición con la intención general que prevalece en otras ocasiones, sino que es consecuencia de ella, como en el caso de personas de probada virtud y de todos los que persiguen deliberada y consistentemente cualquier fin determinado. Esta distinción entre voluntad *(will)* y deseo *(desire)*, entendida de este modo, es un hecho psicológico real y de gran importancia. Hecho que consiste solamente en lo que sigue: la voluntad, al igual que otros aspectos de nuestra personalidad, es modelada por el hábito, de forma que podamos querer a causa del hábito lo que ya no deseamos por sí mismo, o que solamente deseamos porque lo queremos *(will)*. No es menos cierto que, en el principio, la voluntad está producida totalmente por el deseo, incluyendo en este término la influencia disuasoria del dolor, así como la atracción que ejerce el placer.

Dejemos de pensar en la persona que se ha formado una voluntad determinada de obrar correctamente, y tomemos en consideración aquella en la que la voluntad virtuosa es todavía endeble, sujeta a tentaciones, y en la que no podamos confiar por completo. ¿Con qué medios puede ser fortalecida? ¿Cómo puede implantarse o despertarse la voluntad de ser virtuoso allí donde no cuenta con fuerza suficiente? Sólo consiguiendo que la persona en cuestión desee *(desire)* la virtud, haciendo que la contemple como algo placentero, o que vea su carencia como algo doloroso. Sólo se consigue impulsar a tal voluntad a ser virtuosa asociando la actuación debida con el placer y la indebida con el dolor, y destacando, trayendo a primer plano, el placer; haciendo que la persona experimente el placer que está naturalmente implicado en lo uno, y el dolor que conlleva lo otro. Voluntad

4. De qué tipo de prueba es susceptible el principio de utilidad

que, una vez así asentada, actuará, a partir de entonces, sin tener que tomar en consideración ni el placer ni el dolor.

La voluntad es hija del deseo, y abandona el dominio de su progenitor sólo para pasar a depender del hábito. Aquello que resulta del hábito no abona el presupuesto de que sea intrínsecamente bueno. Por ello no habría razón para desear que el fin de la virtud estuviese disociado del placer y el dolor, si no fuese a causa de que la influencia de las asociaciones con el placer y el dolor que impulsan a la virtud no es suficiente para garantizar la segura constancia de la acción en ausencia del apoyo del hábito. Tanto con relación a los sentimientos como a la conducta, el hábito es lo único que proporciona seguridad. Es a causa de la importancia que tiene para los demás el poder confiar absolutamente en los sentimientos y conducta de una persona, y de la importancia que tiene para uno mismo el poder confiar en sus sentimientos y conducta propios, por lo que la voluntad de obrar correctamente debe ser cultivada de acuerdo con esta independencia habitual. En otras palabras, este estado de la voluntad es un medio para el bien, no un bien intrínseco. Por lo demás no entra en conflicto con la doctrina de que no hay nada bueno para los seres humanos sino en la medida en que es, o bien placentero, o un medio para conseguir el placer o eliminar el dolor.

Si esta doctrina es verdadera, el principio de la utilidad ha quedado demostrado. Que sea verdadera o no, es algo que dejamos a la consideración del lector reflexivo.

5. Sobre las conexiones entre justicia y utilidad[1]

En todas las épocas del pensamiento uno de los más fuertes obstáculos con los que se ha encontrado la doctrina de que la utilidad, o la felicidad, es el criterio de lo correcto y lo incorrecto, ha procedido de su confrontación con la idea de la justicia. El profundo sentimiento y la aceptación, aparentemente evidente, que tal palabra provoca con una celeridad y certeza semejantes a las provocadas por un instinto, han hecho considerar a la mayoría de los pensadores que ponían de relieve una cualidad inherente a los hechos: es decir, demostraban que lo justo

1. Este capítulo ofrece, sin duda, un interés particular, por cuanto las críticas más recientes al utilitarismo, que entroncan con algunas muy antiguas, se refieren, tal como se constata en la obra de Rawls *Una teoría de la justicia,* a la, al parecer, imposibilidad del utilitarismo de fundamentar debidamente una teoría de la justicia. En este capítulo será interesante observar cómo, conforme al razonamiento de Mill, el utilitarismo no sólo da cabida a la justicia, sino que esta última sólo cobra sentido en cuanto conducente a la felicidad general.

debe tener una existencia natural como algo absoluto, genéricamente distinto de cualquier variedad de lo conveniente *(expedient)*, en teoría opuesto a lo segundo, aunque (como se reconoce habitualmente) nunca, a la larga, independiente de ello en la práctica.

En este caso, como en el de nuestros demás sentimientos morales, no existe una conexión necesaria entre la cuestión de sus orígenes y el de su fuerza vinculante. El que un sentimiento nos sea proporcionado por la naturaleza no legitima, necesariamente, sus incitaciones. El sentimiento de justicia bien pudiera ser un instinto peculiar y requerir, no obstante, al igual que nuestros demás instintos, el ser controlado e iluminado por una razón superior. Si poseemos instintos intelectuales que nos llevan a juzgar de un modo particular, así como instintos animales que nos incitan a actuar de un modo particular, no es necesario que los primeros sean más infalibles en su esfera que los segundos en la suya. Muy bien pudiera darse el caso de que los primeros sugieran, en ocasiones, juicios incorrectos, como los últimos sugieren acciones incorrectas. Sin embargo, aunque una cosa es creer que poseemos sentimientos naturales de justicia, y otra el reconocerlos como último criterio de la conducta, estas dos opiniones parecen, de hecho, íntimamente vinculadas. La humanidad está siempre predispuesta a creer que cualquier sentimiento subjetivo, del que no quepa dar explicación de su origen, es la revelación de alguna realidad objetiva. Nuestro propósito presente es determinar si la realidad a la que corresponde el sentimiento de justicia es de índole tal que precisa de una revelación especial de este tipo, es decir, si la justicia o la injusticia de una acción es algo intrínsecamente peculiar y distinto de todas sus demás cualidades, o solamente una combinación de algunas de dichas cualidades, presentadas desde un ángulo especial.

Para los fines de esta investigación, es de importancia práctica considerar si el propio sentimiento, de justicia e injusticia, es *sui generis,* como nuestras sensaciones de color y gusto, o un sentimiento derivado, formado por la combinación de otros[2]. Es de gran interés el examinar este aspecto, ya que la gente, en general, está lo suficientemente dispuesta a conceder que, objetivamente, los dictados de la justicia coinciden con una parte del ámbito de la conveniencia general y, sin embargo, en la medida en que el sentimiento subjetivo de justicia es distinto del que comúnmente se origina respecto a la simple conveniencia y, excepto en los casos más extremos de esta última, es mucho más imperativo en sus exigencias, la gente tiene dificultades para considerar la justicia sólo como un tipo o rama particular de la utilidad general, considerando que su fuerza vinculante superior requiere un origen totalmente distinto.

Para arrojar luz sobre esta cuestión es necesario intentar determinar cuál es el carácter distintivo de la justicia y de la injusticia, cuál es la cualidad, o si existe alguna cualidad, atribuida en común a todas las formas

---

2. Aquí se enfrentan, como puede observarse, las concepciones deontológicas y teleológicas de la ética, respectivamente. La primera postularía el valor de la justicia, con independencia de sus consecuencias, mientras que en el caso de Mill será la felicidad general el criterio en virtud del cual todos los demás valores, incluida la justicia, cobran validez y sentido.

de conducta denominadas injustas (ya que la justicia, al igual que muchos de los restantes atributos morales, resulta mejor definida mediante su opuesto), distinguiéndola de todas las formas de conducta que son desaprobadas, pero a las que no se aplica tal peculiar epíteto desaprobatorio. Si en todo lo que los hombres suelen considerar como justo o injusto está siempre presente algún otro atributo común, o conjunto de atributos, podemos considerar si dicho atributo en particular, o dicho conjunto de atributos, serían capaces de generar un sentimiento de aquel tipo e intensidad peculiares, por virtud de las leyes generales de nuestra constitución emocional, o si tal sentimiento es inexplicable y hace necesario que se le considere como una dotación especial de la naturaleza. Si nos encontramos con que lo primero es verdad, habremos resuelto, al resolver esta cuestión, el problema principal también. En caso contrario, tendremos que buscar otra forma de llevar a cabo nuestra investigación del problema que nos ocupa.

Para encontrar los atributos comunes a una variedad de objetos es necesario comenzar por observar los propios objetos en casos concretos. Consideremos, por consiguiente, sucesivamente, los diversos modos de actuación, así como la disposición de los asuntos humanos, que son clasificados por la opinión general, o la opinión generalmente admitida, como justos o injustos. Las bien conocidas causas que motivan los sentimientos asociados con tales nombres son de carácter múltiple. Las revisaré rápidamente, sin estudiar ninguna situación determinada en particular.

En primer lugar, se considera muy injusto el privar a alguien de su libertad personal, su propiedad o cualquier otro objeto que le pertenezca legalmente. Aquí, por consiguiente, tenemos un ejemplo de la aplicación de los términos «justo» e «injusto» en un sentido totalmente concreto, a saber, que es justo respetar e injusto violar los *derechos legales* de una persona. Sin embargo, este juicio admite excepciones varias, que derivan de las otras formas en que las nociones de justicia e injusticia se nos presentan. Por ejemplo, la persona que sufre la privación puede (tal como se suele decir) haber *perdido* los derechos de que se le priva –cuestión que retomaremos posteriormente.

Pero también, y en segundo lugar, los derechos legales de los que se priva a alguien pudieran ser derechos que no *deberían* haberle sido concedidos. En otras palabras, la ley que se los ha conferido puede ser una mala ley. Cuando es así, o cuando (lo que viene a ser lo mismo para nuestros propósitos) se supone que es así, aparecen opiniones diversas respecto a la justicia o injusticia de infringir la ley. Algunos mantienen que ninguna ley, por mala que sea, debe ser desobedecida por un ciudadano individual, que su oposición a la misma, de ser mostrada de algún modo, debe encaminarse únicamente a intentar que sea modificada por la autoridad competente. Esta opinión (que condena a la mayoría de los más ilustres benefactores de la humanidad, y que podría brindar protección con frecuencia a instituciones perniciosas frente a las únicas armas que, en el estado actual de las cosas, tienen posibilidades de tener éxito frente a ellas) es defendida por aquellos que la mantienen fundándose en la conveniencia *(expediency)*, principalmente en aquella tan importante que se refiere al interés común de la humanidad, de mantener inviolable el sentimiento de sumisión a la ley.

Otras personas, por su parte, mantienen la opinión exactamente contraria de que cualquier ley que se considere mala puede ser desobedecida sin incurrir en culpabilidad, aun cuando no se considere injusta sino sólo inconveniente, mientras que otros restringen la autorización a desobedecerla sólo en el caso de leyes injustas. También, por otra parte, algunos afirman que todas las leyes no convenientes son injustas, ya que toda ley impone algún tipo de restricción en la libertad natural de los seres humanos, restricción que se convierte en una injusticia a no ser que esté legitimada por servir para el bien de la propia humanidad. Todas estas opiniones diversas coinciden, no obstante, en admitir universalmente la posibilidad de que existan leyes injustas[3], y que la ley, por consiguiente, no es el criterio último de la justicia, sino que puede conceder beneficios a unos, o causar perjuicios a otros, lo cual es condenado por la justicia. Cuando, sin embargo, se considera que una ley es injusta, parece que siempre obedece a que se sigue el mismo criterio que para considerar injusto el quebrantamiento de una ley, a saber, la violación del derecho de una persona, derecho que, como en este caso no puede ser de tipo legal, recibe una calificación diferente, siendo denominado como derecho moral. Podemos

---

3. Como puede observarse, Mill pasa aquí por alto la afirmación iusnaturalista de que *lex iniusta non est lex,* aunque tal vez tal omisión no sea, en este contexto, excesivamente relevante.

afirmar, por consiguiente, que un segundo tipo de injusticia consiste en privar a una persona de, o negarle, aquello a lo que tiene *derecho moral*[4].

En tercer lugar, se considera universalmente justo que toda persona reciba aquello (ya sea bueno o malo) que se *merece,* e injusto que reciba un bien, o sufra un mal, inmerecido. Esta es, tal vez, la forma más clara y definida en que la idea de justicia es concebida por la generalidad de los hombres. Dado que conlleva la noción de mérito, se plantea inmediatamente la cuestión de ¿qué constituye mérito? Hablando en términos generales, se entiende que una persona merece el bien si obra correctamente, el mal si obra incorrectamente. En un sentido más particular, se entiende que merece recibir bien de aquellos a quienes hace o ha hecho bien, y mal de aquellos a quienes hace o ha hecho mal. El precepto de devolver bien por mal nunca ha sido considerado como un caso de cumplimiento de la justicia, sino un caso en el que las pretensiones de la justicia son rechazadas en atención a otras consideraciones.

En cuarto lugar, resulta injusto tal como se confiesa abiertamente, *faltar a la palabra dada* a alguien: violar un compromiso ya explícito o implícito, no satisfacer las expectativas creadas por nuestra propia conducta, al menos si nosotros hemos creado esas expectativas consciente y voluntariamente. Al igual que las demás obligaciones derivadas de la justicia que ya se han mencionado, ésta

---

4. Derechos «morales» a los que suele denominárseles de modo un tanto ambiguo y equívoco como «derechos naturales», por parte de los iusnaturalistas. La terminología de Mill parece mucho más adecuada.

5. Sobre las conexiones entre justicia y utilidad

no se considera como absoluta sino como suceptible de ser sobrepasada por una obligación de justicia más fuerte de la otra parte, o por una conducta tal de la persona afectada que se considera que nos libera de nuestra obligación respecto a ella y que constituye una *confiscación* del beneficio que se le ha hecho esperar.

En quinto lugar, no se aviene con la justicia, según se admite universalmente, el ser *parcial* –el mostrar favoritismo o preferencia respecto a una persona en detrimento de otra en cuestiones en las que el favoritismo y la preferencia no tienen propiamente cabida–. La imparcialidad, sin embargo, no parece ser considerada como un deber en sí misma, sino más bien como un instrumento para algún otro deber, ya que se admite que el favoritismo y la preferencia no son siempre censurables y, ciertamente, los casos en que son condenados son más bien la excepción que la regla. Así, es más probable que se le criticase que el que se le aplaudiese a una persona que no diese prioridad a su familia y a sus amigos respecto a personas extrañas por lo que a sus buenos oficios se refiere, siempre que pudiera hacerlo sin violar algún otro deber. Nadie considera que sea injusto buscar a una persona con preferencia a otra, ya bien como amigo, conocido o compañero. La imparcialidad es, por supuesto, obligatoria en cuestiones relativas a los derechos, pero está incluido en las obligaciones más generales de dar a cada uno lo que le es debido. Un tribunal, por ejemplo, debe ser imparcial, ya que tiene la obligación de conceder, sin atención a ningún otro tipo de consideraciones, un objeto en litigio a aquella de las partes que tenga derecho a él. Existen otros casos en los que la imparcialidad significa que sólo estemos influidos por los méritos de las partes, como cuando personas tales como jueces, preceptores o padres, administran premios y castigos en función de su cargo. También hay otros casos en los que significa dejarse influir solamente por consideraciones de interés público, como al hacer una selección entre varios candidatos para un puesto público. La imparcialidad, en suma, como una obligación debida a la justicia, puede significar que influyan en nosotros únicamente las consideraciones que se supone debieran influir en el caso particular que tratemos, resistiéndonos a dejarnos condicionar por motivos distintos que promuevan conductas distintas de las que tales consideraciones requerirían.

Íntimamente asociada con la idea de imparcialidad está la de *igualdad* que, a menudo, aparece como un componente tanto de la concepción de la justicia como de su práctica y que, a juicio de muchas personas, constituye su esencia. Pero, en este sentido, todavía más que en los demás casos, la noción de justicia varía de acuerdo con las personas, adecuándose en cada caso a la noción que ellas tengan de la utilidad. Todo el mundo mantiene que la igualdad es una exigencia de la justicia, excepto cuando consideran que razones de conveniencia *(expediency)* requieren la desigualdad. La justicia de proteger por igual los derechos de todo el mundo es mantenida por aquellos que apoyan la más exacerbada desigualdad en los propios derechos. Incluso en las sociedades esclavistas se admite, teóricamente, que los derechos del esclavo, tal como son, deben ser tan sagrados como los del amo, y que un tribunal que deje de protegerlos con igual rigor carece de justicia, mientras que, al mismo tiempo, no se consideran injustas las sociedades que dejan al esclavo con pocos derechos que proteger, ya que no se consideran inconvenientes *(inexpedient)*. Aquellos que consideran que la utilidad requiere diferencias de rango, no consideran injusto que la riqueza y los privilegios sociales se repartan desigualmente; pero quienes consideran que esta desigualdad es inconveniente la consideran injusta también. Los que piensan que el gobierno es necesario no ven injusticia alguna en la existencia de tantas desigualdades como se originan al otorgar a los magistrados poderes no concedidos al pueblo. Incluso entre quienes mantienen doctrinas igualitarias existen diferencias de opinión respecto a la conveniencia. Algunos comunistas consideran injusto que el producto del trabajo de la comunidad deba ser compartido de acuerdo con otro principio que no sea el de la estricta igualdad; otros piensan que es justo que reciban más los que tienen mayores necesidades, mientras que otros mantienen que los que trabajan más, o producen más, o cuyos servicios son más valiosos para la comunidad, pueden reclamar con justicia una parte mayor en la distribución de lo producido. Por supuesto que puede apelarse plausiblemente al sentido de justicia natural para defender cualquiera de estas opiniones.

Entre tan diversas aplicaciones del término «justicia», que con todo no se considera ambiguo, resulta algo difícil encontrar el nexo conceptual que las mantiene unidas, nexo del que depende esencialmente el sentimiento moral que se vincula al término en cuestión. Quizás, en medio de este confusionismo, podremos derivar alguna ayuda del estudio de la historia del término, tal como indica su etimología.

En la mayoría, si no en todas las lenguas, la etimología de la palabra que corresponde a «justo» apunta claramente a un origen vinculado con las ordenanzas legales. *Iustum* es una forma de *iussum*, significando lo que ha sido ordenado. *Dikaion* se deriva directamente de *diké* y significa una petición de ley. *Recht,* del cual se derivó *right* y *reighteous,* es sinónimo de ley. *La justice,* en francés, es el término establecido para los jueces.

No estoy cometiendo la falacia, que se le imputa con algunos visos de veracidad a Horne Tooke[5], de presuponer que una palabra debe seguir significando lo que significó en sus orígenes. La etimología constituye una pobre evidencia de lo que comprende la idea ahora significada, aunque es la mejor evidencia de cómo se originó. No puede haber duda de que la *idée mère,* el elemento primitivo en la formación de la noción de justicia, fue la conformidad con la ley. Constituía la idea principal entre los hebreos hasta la aparición del cristianismo, como cabría esperar en el caso de un pueblo cuyas leyes intentaban abarcar todas las cuestiones que precisasen de preceptos y que creían que tales leyes constituían una emanación directa del Ser Supremo. Pero otras naciones, y en particular los griegos y los romanos, que sabían que las leyes procedían en su origen, y seguían procediendo, de los hombres, no temían admitir que tales hombres podían haber hecho leyes malas. Es decir, que podían hacer mediante ley las mismas cosas, y por los mismos motivos que de ser hechas por individuos sin la

---

5. Pseudónimo de John Horne (1736-1812), escritor radical, amigo personal de Bentham.

sanción de la ley serían denominadas injustas. De ahí que el sentimiento de injusticia se vinculase ahora no a todas las violaciones de la ley sino sólo a las violaciones de leyes tales que *deberían* existir, incluyendo leyes que deberían existir pero no existen, y las propias leyes existentes cuando se les supone contrarias a lo que debería ser la ley. De este modo, la idea de ley y la idea de sus preceptos continuó siendo predominante en la noción de justicia, aun cuando las leyes realmente en uso dejaron de ser el criterio de aquélla.

Es cierto que la humanidad considera la idea de justicia y las obligaciones de ella derivables aplicable a muchas cosas que ni están, ni se desea que pudiesen estar, reguladas por la ley. Nadie desea que las leyes interfieran en todos los detalles de la vida privada, aun cuando todo el mundo admite que en toda conducta cotidiana una persona puede mostrarse, y de hecho se muestra, justa o injusta. Pero, incluso aquí, la idea de quebrantar lo que debería ser ley sigue apareciendo aunque modificada. Siempre nos resultaría placentero y gratificaría nuestro sentimiento de lo que es debido, el que los actos que consideramos injustos fuesen castigados, aunque no siempre consideremos conveniente que esto sea hecho por los tribunales. Sacrificamos este tipo de gratificación a causa de los perjuicios incidentales. Nos gustaría ver que se exige la conducta justa y que se reprime la injusticia, incluso en los detalles más mínimos, si no nos asustara, con razón, dotar a los magistrados de tal ilimitado poder sobre los individuos. Cuando pensamos que una persona está obligada en justicia a realizar algo, decimos normalmente que debería ser obligada a hacerlo. Nos gratificaría comprobar que la obligación era exigida por alguien que poseyese poder para ello. Si observamos que su exigencia mediante ley resultaría inconveniente lamentamos tal imposibilidad, consideramos la impunidad en que queda la injusticia como un mal y luchamos por paliarlo fomentando una fuerte desaprobación del ofensor por nuestra propia parte y por parte de la generalidad de la gente. De este modo, la idea de una prohibición legal continúa siendo la idea generatriz de la noción de justicia, aunque experimente diversas transformaciones antes de que dicha noción, tal como se da en un estado avanzado de la sociedad, resulte completa.

Lo anterior constituye, creo yo, una explicación auténtica, hasta el punto al que hemos llegado, del origen y desarrollo progresivo de la idea de justicia. Debemos observar, sin embargo, que todavía no contiene nada que distinga tal obligación de la obligación moral en general. Porque la verdad es que la idea de una sanción penal, que es la esencia de la ley, forma parte no sólo de la concepción de la injusticia, sino de todo tipo de acción incorrecta. No decimos de nada que sea incorrecto moralmente a menos que queramos implicar que debería castigarse, de un modo u otro, a una persona que obrase de tal modo, de no ser mediante la ley, por medio de las críticas de sus conciudadanos, y de no ser mediante las críticas a través de los reproches de su propia conciencia. Éste parece ser el auténtico punto clave en la distinción entre la moralidad y la simple conveniencia. Es parte de la noción de deber en todas sus formas, el que una persona pueda ser obligada justamente a cumplir con él. El deber es algo que puede ser *exigido* a una persona, al igual que se exige el pago de una deuda. A menos que consideremos que puede serle así exigido, no se lo asignamos como su deber. Por razones prudenciales, o a causa de los intereses de otras personas, puede ser aconsejable no exigir tal cumplimiento, pero está perfectamente claro que la persona afectada no tiene derecho a protestar. Por el contrario, existen otras cosas que deseamos que la gente haga, por las cuales nos agradan, o por las cuales las admiramos, y tal vez nos resultaran desagradables y despreciables en el caso de no hacerlas, aun cuando admitamos que no están obligadas a ello. No se trata de casos de obligación moral. No las condenamos o, lo que es igual, no consideramos que deban ser propiamente objeto de castigo. Tal vez aparecerá al final de esta exposición cómo llegamos a elaborar estas ideas de merecimiento o no merecimiento de castigo, pero yo creo que no hay duda de que dicha distinción radica en el fondo de las nociones de correcto *(right)* e incorrecto *(wrong),* y que denominamos a una conducta incorrecta, o empleamos en su lugar algún otro término de desagrado o disconformidad según consideremos que la persona debía, o no debía, ser castigada por ella. Además, afirmamos que sería correcto hacer algo determinado, o meramente que sería deseable o elogiable, según deseemos o no ver a la persona en cuestión obligada a realizarlo, y no solamente que se le persuada y se le exhorte a actuar de tal modo*.

---

* Véase cómo esta cuestión es resaltada e ilustrada por el profesor Bain, en un capítulo admirable titulado «The Ethical Emotions, or the Moral Sense», del segundo de los dos tratados que componen su elaborado y profundo trabajo sobre la mente. [Se refiere aquí Mill a *The Emotions and the Will,* de 1859.]

Comoquiera que ésta no es sino la diferencia característica que distingue, no a la justicia, sino a la moralidad en general de los restantes ámbitos de lo conveniente y lo valioso, todavía habría que averiguar qué es lo que diferencia a la justicia de las restantes ramas de la moralidad. Como es sabido, los éticos dividen los deberes morales en dos clases, comprendidos bajo las desafortunadas denominaciones de deberes de obligación perfecta e imperfecta. Los últimos son aquellos en los que, aunque el acto es obligatorio, se deja a nuestro arbitrio las ocasiones particulares en que ha de realizarse, como ocurre en los casos de la caridad y la beneficencia que estamos obligados, por supuesto, a poner en práctica, pero no con relación a personas determinadas, ni en un momento definido. En el lenguaje más preciso de los filósofos del Derecho, los deberes de obligación perfecta son aquellos deberes en virtud de los cuales se genera un *derecho* correlativo en alguna persona o personas. Los deberes de obligación imperfecta son aquellas obligaciones morales que no originan tal derecho. Creo que se observará que tal distinción coincide exactamente con la que existe entre la justicia y las demás obligaciones morales. En nuestro examen de las diversas concepciones populares de la justicia, el término parecía implicar, generalmente, la idea de un derecho personal –una exigencia por parte de uno o más individuos, semejante a la que se origina cuando la ley confiere un derecho de propiedad u otro tipo legal.

Ya bien la injusticia consista en privar a una persona de una posesión, o en no mantener la palabra que se le ha dado, o en tratarle peor de lo que se merece, o peor

5. Sobre las conexiones entre justicia y utilidad

que a otras personas que no tienen más derecho a ello, en todos estos casos el supuesto implica dos cosas: que se causa un perjuicio y que existe una persona determinada que resulta perjudicada. También se puede cometer injusticia tratando a una persona mejor que a otras, en cuyo caso el perjuicio se le ocasiona a sus competidores que también son personas determinadas. A mi modo de ver, esta característica del caso –el derecho de una persona, correlativo a una obligación moral– constituye la diferencia específica entre la justicia y la generosidad o la beneficencia. La justicia implica que sea no sólo correcto hacer algo, e incorrecto no hacerlo, sino que tal acción nos pueda ser exigida por alguna persona individual por tratarse de un derecho moral suyo. Nadie tiene derecho moral a nuestra generosidad o beneficencia ya que no estamos obligados a practicar tales virtudes con relación a ningún individuo determinado. Se verá con respecto a esto, cómo con relación a toda definición correcta, los ejemplos que parecen contradecirla son aquellos que la ratifican más plenamente, ya que si, por ejemplo, un moralista intenta, como algunos han hecho, indicar que la humanidad en general, aun cuando no ningún individuo en particular, tiene derecho a todo el bien que podamos causarle, inmediatamente, a tenor de esta tesis, incluirá la generosidad y la beneficencia dentro de la categoría de justicia. Se verá obligado a afirmar que nuestros mayores esfuerzos *deben* dedicarse a nuestros semejantes, asimilando esto a una deuda para con ellos. O tendrá que mantener que es lo mínimo que podemos hacer para *compensar* a la sociedad por lo que hace por nosotros, clasificando de este modo el acto como perteneciente a la gratitud, de tal suerte que ambos se reconozcan como casos de justicia y no de beneficencia. Pues se da el caso de que todo el que no mantenga la distinción que hemos trazado entre justicia y moralidad, no conseguirá distinguirlas en absoluto, sino que reducirá toda la moralidad a la justicia.

Una vez que nos hemos dedicado a determinar los elementos distintivos que componen la idea de la justicia, estamos en disposición de adentrarnos en la investigación relativa a si el sentimiento que acompaña a dicha idea le es adjudicado por alguna dotación especial de la naturaleza, o si podría haberse desarrollado, de acuerdo con alguna ley conocida, a partir de la propia idea en cuestión. En particular, podremos determinar si puede haberse originado a causa de consideraciones relativas a la conveniencia general.

Considero que tal sentimiento, por sí mismo, no se origina a partir de nada que pudiese ser habitual o correctamente considerado como relativo a la conveniencia, aun cuando si bien el sentimiento no se origina así, aquello que tiene de moral sí cuenta con dicha procedencia. Hemos visto que los dos ingredientes esenciales en el sentimiento de justicia son el deseo de castigar a la persona que ha hecho daño y el conocimiento o creencia de que existe algún individuo particular, o algunos individuos, a quienes se les ha causado daño. Ahora bien, a mi modo de ver, el deseo de castigar a alguien que ha hecho daño a algún individuo es algo que se genera espontáneamente a partir de dos sentimientos, ambos naturales en el más alto grado, y que son, o bien se asemejan a, los

5. Sobre las conexiones entre justicia y utilidad

instintos: el impulso de autodefensa y el sentimiento de *simpatía (sympathy)*[6].

Es natural lamentar, rechazar o vengar cualquier daño que se haga o se intente hacer contra nosotros mismos o contra aquellos con los que simpatizamos. No es necesario discutir aquí el origen de este sentimiento. Ya se trate de un instinto, o de un producto de la inteligencia, sabemos que es común a toda naturaleza animal, ya que todo animal trata de hacer daño a aquellos que han hecho daño, o que él cree que van a hacérselo, a sí mismo o a sus crías. A este respecto, los seres humanos sólo difieren de los demás animales en dos cuestiones. En primer lugar, en ser capaces de simpatizar no sólo con su propia descendencia o, a semejanza de algunos de los animales más nobles, con algún animal superior que es bondadoso con ellos, sino con todos los humanos, e incluso con todos los seres sintientes. En segundo lugar, en poseer una inteligencia más desarrollada que amplía el ámbito del conjunto de sus sentimientos, ya sean de consideración propia o de simpatía. A causa de su superior inteligencia, aun no teniendo en cuenta su superior ámbito de simpatías, un ser humano es capaz de captar una comunidad de intereses entre sí y la sociedad humana de la que forma parte, de tal modo que cualquier conducta que amenace la seguridad de la sociedad en general es

---

6. La traducción de *sympathy* por 'simpatía' en castellano es tan sólo aproximada, por cuanto la palabra inglesa se encuentra mucho más cerca de su significado etimológico. Lo mismo ha de entenderse respecto al verbo correspondiente, *sympathize,* cuya versión española, 'simpatizar', no le hace del todo justicia. En lo que sigue ha de tenerse en cuenta esta consideración.

una amenaza para sí mismo y pone en marcha su instinto (si es que se trata de un instinto) de autodefensa. La misma inteligencia superior, conjuntamente con su capacidad de simpatizar con los seres humanos en general, le permite vincularse a la idea colectiva de su tribu, su patria, o la humanidad, de tal manera que cualquier acto perjudicial para los miembros de aquellos colectivos despierta su instinto de simpatía y le impulsa a la defensa.

El sentimiento de justicia, en lo que se refiere a aquel de sus elementos que consiste en el deseo de castigar, es así, tal como yo lo considero, el sentimiento natural de resarcimiento o venganza, que el intelecto y la simpatía hace extensible a todos los perjuicios, es decir, a todos los daños que se nos causan a nosotros a través de, o en unión de, la sociedad en su conjunto. Este sentimiento, en sí mismo, no tiene nada de moral en él; lo que es moral es su exclusiva subordinación a las simpatías sociales, de modo que les sirva y esté a su disposición. El sentimiento natural nos haría rechazar de modo indiscriminado cualquier cosa hecha por otro que nos resulte desagradable; sin embargo, cuando este sentimiento se moraliza mediante la incorporación de un sentimiento social, sólo actúa en el sentido que viene determinado por el bien general, de tal modo que las personas justas rechazan los daños causados a la sociedad, aun cuando ellas no resulten en modo alguno lesionadas, y no rechazan un daño que se les cause a ellas personalmente, por penoso que sea, a menos que sea de un tipo cuya represión interese tanto a la sociedad como a ellas particularmente.

No es una objeción válida contra lo acabado de postular, el afirmar que cuando sentimos herido nuestro sentimiento

5. Sobre las conexiones entre justicia y utilidad

de justicia no estamos considerando la sociedad en general, ni ningún interés colectivo, sino sólo un caso individual. Por supuesto que es muy común, aunque no muy elogiable, el sentir resentimiento simplemente porque se nos ha infligido dolor. Sin embargo, una persona cuyo resentimiento constituye realmente un sentimiento moral, es decir, alguien que considera primeramente si un acto es condenable antes de permitirse censurarlo, tal persona, aun cuando no se diga a sí misma de modo expreso que está tomando partido por los intereses de la sociedad, ciertamente sí siente que está defendiendo una regla que es tanto para el beneficio de los demás como para el suyo propio. Si no experimenta este sentimiento y, por el contrario, considera el acto simplemente en lo que a él afecta individualmente, no es conscientemente justo. No se preocupa, en este caso, de la justicia de sus acciones.

Incluso los moralistas antiutilitaristas admiten lo que acabo de afirmar. Cuando Kant (como se indicó anteriormente) propone como principio fundamental de la moral: «Obra de tal suerte que la máxima de tu conducta pueda ser admitida como ley por todos los seres racionales», virtualmente reconoce que el interés colectivo de la humanidad, o al menos de la humanidad de modo indiscriminado, debe estar presente en la mente del agente cuando decide conscientemente acerca de la moralidad de una acción. De lo contrario, sus palabras carecerían de significado, ya que el que una máxima, incluso la más egoísta, no pueda ser adoptada, como cuestión de posibilidad fáctica, por todos los seres racionales —el que exista algún obstáculo insuperable en la naturaleza de las cosas para su adopción– no puede mantenerse de forma plausible. Para que el principio kantiano tenga algún significado habrá de entenderse en el sentido de que debemos modelar nuestra conducta conforme a una norma que todos los seres racionales pudiesen aceptar *con beneficio para sus intereses colectivos*[7].

Recapitulando lo expuesto: la idea de justicia supone dos cosas: una regla de conducta y un sentimiento que sanciona la regla. La primera puede suponerse que es común a toda la humanidad y encaminada al bien de la misma. Lo segundo (el sentimiento) se refiere al deseo de que los que infringen la regla sufran castigo. Está implícita, además, la idea de alguna persona determinada que resulta perjudicada por el incumplimiento de la regla, cuyos derechos (para utilizar la expresión adecuada al caso) resultan de este modo violados. A mi modo de ver, el sentimiento de justicia es el deseo animal de ahuyentar o vengar un daño o perjuicio hecho a uno mismo o alguien con quien uno simpatiza, que se va agrandando de modo que incluye a todas las personas, a causa de la capacidad humana de simpatía ampliada y la concepción humana de

---

7. Aquí Mill está retomando la crítica realizada a Kant al comienzo del capítulo 1 de esta obra, tratando de dar contenido a un principio que en su pura formulación formal avalaría, como muchos críticos de Kant han puesto de relieve, las conductas más varias y menos recomendables éticamente. Podría decirse con relación a este pasaje que fue el propio Mill el primero que puso de manifiesto las afinidades entre su pensamiento y el de Kant, tradicionalmente considerados enfrentados, insistiendo en el componente de *imparcialidad* común a ambos sistemas morales, y en la necesidad de que esta imparcialidad tuviese como ámbito de aplicación las necesidades humanas, so pena, en caso contrario, de convertirse en un principio vacío.

autointerés inteligente. De estos últimos elementos deriva su moralidad dicho sentimiento; de los primeros deriva su peculiar energía y la fuerza de su autoafirmación.

He tratado siempre la idea de *derecho* como algo que reside en la persona perjudicada y violada por el perjuicio, no como un elemento separable en la composición de la idea y el sentimiento, sino como una de las formas en las que ambos elementos se encubren. Dichos elementos consisten en el daño causado a alguna persona o algunas personas determinadas, por una parte, una exigencia de castigo, por la otra. Si examinamos nuestro estado mental, creo que mostraremos que estas dos cosas incluyen todo cuanto significamos cuando hablamos de violación de un derecho. Cuando decimos que algo constituye el derecho de una persona, queremos decir que puede exigir, con razón, de la sociedad que le proteja para su disfrute, ya bien mediante la ley o por medio de la educación y la opinión pública. Si una persona puede exigir con razón suficiente, en base a lo que sea, que la sociedad le garantice algo, decimos que tiene derecho a ello. Si deseamos demostrar que algo no le pertenece por derecho a una persona, consideramos que queda demostrado tan pronto se admita que la sociedad no tenía que tomar medidas para asegurárselo, sino que había que dejarle a merced del azar o de sus propios esfuerzos. Así pues, se dice que una persona tiene derecho a aquello que pueda ganar en competencia profesional justa, dado que la sociedad no debiera permitir que nadie le impidiese ganar de ese modo tanto como pueda. Sin embargo, tal persona no tiene derecho a trescientas libras al año, aunque pueda ocurrir que las gane, ya que la sociedad no tiene por qué garantizar que gane dicha suma. Por el contrario, si posee acciones por valor de diez mil libras, al tres por ciento, tiene *derecho* a obtener trescientas libras al año, ya que la sociedad ha adquirido la obligación de suministrarle unos ingresos de esa cuantía.

Tal como yo lo entiendo, pues, tener derecho es tener algo cuya posesión ha de serme defendida por la sociedad. Si quien presenta objeciones continúa preguntando por qué debe ser así, no puedo ofrecerle otra razón que la utilidad general. Si dicha expresión no parece conllevar un sentimiento suficiente de fuerza de obligación, ni dar cuenta de la energía peculiar de tal sentimiento, se debe a que en la composición de tal sentimiento figura no sólo un elemento racional, sino también uno animal –la sed de venganza–. Tal ansia deriva su intensidad, así como su justificación moral, del tipo de utilidad extremadamente importante e impresionante a que se refiere, ya que el interés que está involucrado es el de la seguridad, que es experimentado por todo el mundo como el interés más vital[8]. Todos los demás bienes terrenos son necesarios para unos pero no para otros, y se puede incluso prescindir alegremente, en caso de necesidad, de muchos de ellos o sustituirlos por otros. Sin embargo, ningún ser humano puede pasarse sin la seguridad. De ella dependemos para lograr la inmunidad al daño y la

---

8. De esta forma el utilitarismo reconoce el interés primordial de la justicia y el respeto a los derechos, sin renunciar a su principio de la máxima felicidad. Como se verá en lo que sigue, es a causa de que la máxima felicidad es impensable en ausencia de la justicia y el respeto a los derechos, por lo que estas nociones adquieren un especial interés y despiertan un peculiar sentimiento moral.

5. Sobre las conexiones entre justicia y utilidad

garantía del valor completo de la totalidad de los bienes que no sean puramente momentáneos, ya que nada más que la gratificación del presente podría tener valor alguno para nosotros si se nos pudiese privar, al momento siguiente, de todo lo que tenemos, por parte de cualquiera que fuese en aquel instante más fuerte que nosotros. Ahora bien, esta necesidad de máxima urgencia, después de la alimentación física, no puede ser atendida a menos que la maquinaria que la satisface se mantenga ininterrumpidamente activa. La idea que tenemos, por consiguiente, de que podemos exigir a nuestros semejantes que nos ayuden a asegurarnos el propio subsuelo de nuestra existencia, genera sentimientos en torno a ella de una intensidad tan superior a la que se da en cualquiera de los demás casos más frecuentes de utilidad, que la diferencia de grado (como ocurre a menudo en psicología) se convierte en una auténtica diferencia de calidad. Esta exigencia presupone aquel carácter de robustez, aquella aparente infinitud e inconmensurabilidad respecto a las demás consideraciones, que constituye la diferencia entre el sentimiento de lo que es correcto e incorrecto, y lo que es simple conveniencia o inconveniencia. Los sentimientos afectados son tan fuertes, y necesitamos tanto encontrar la adhesión de los demás (por estar todos interesados por igual en ello), que el deber compulsivo (*ought*) o prudencial (*should*) deviene deber moral (*must*), de suerte que la indispensabilidad reconocida se convierte en una necesidad moral, análoga a la física, y con frecuencia no inferior a aquélla en fuerza vinculante.

Si el análisis precedente, o algo muy semejante, no proporciona la explicación correcta de la noción de justicia

–si la justicia es algo totalmente independiente de la utilidad y constituye un criterio *per se,* que la mente puede reconocer por simple introspección–, se hace difícil comprender por qué dicho oráculo interior es tan ambiguo y por qué tal cantidad de cosas parecen justas o injustas según se les contemple desde uno u otro ángulo.

Se nos dice continuamente que la utilidad es un criterio indeterminado que cada persona distinta interpreta de un modo distinto, y que no existe seguridad más que en los dictados inmutables, indiscutibles e inequívocos de la justicia, que portan consigo las pruebas que sirven de evidencia y que son independientes de las variaciones de opinión. De ahí habría que suponer que en cuestiones de justicia no se darían controversias, es decir, que si tomamos la justicia por norma su aplicación a un caso determinado sería tan poco dudosa como en los casos de una demostración matemática. Lejos de ser esto cierto, hay tantas diferencias de opinión, y tantas discusiones, acerca de lo que es justo como las hay acerca de lo que es útil para la sociedad. No sólo distintas naciones y distintos individuos mantienen diferentes ideas acerca de la justicia, sino que en la mente de un mismo individuo la justicia no es una norma, principio o máxima únicos, sino una multitud de ellos que no siempre coinciden en sus dictados, para elegir entre los cuales tiene que guiarse una persona o bien por algún criterio distinto o por las propias preferencias personales.

Hay personas, por ejemplo, que afirman que es injusto castigar a alguien como ejemplo para otros, manteniendo que el castigo es justo solamente cuando pretende el bien de la propia persona que lo padece. Otras personas

5. Sobre las conexiones entre justicia y utilidad

mantienen todo lo contrario, afirmando que castigar a quienes tienen edad para discernir sólo por su propio bien es señal de despotismo e injusticia, ya que si de lo que se trata solamente es del bien propio, nadie tiene derecho a controlar lo que cada uno juzga como bien suyo. Por supuesto que se puede castigar justamente a tales individuos, a fin de impedir que dañen a otros, consistiendo en esto el ejercicio del legítimo derecho a la autodefensa. Por su parte el señor Owen[9] afirma que es injusto cualquier tipo de castigo, ya que el criminal no es responsable de su propio carácter; la educación y las circunstancias personales que le han rodeado le han convertido en un criminal, pero él no es responsable de ello. Opiniones, todas estas, que son extremadamente plausibles; en la medida en que la cuestión se plantee con relación a la justicia, sin descender a los principios que subyacen a ésta y son la fuente de su autoridad, no veo el modo en que puedan ser refutados estos argumentadores, ya que, en realidad, las tres teorías están amparadas por reglas de justicia evidentemente ciertas. La primera apela a la reconocida injusticia de elegir a un individuo para ser sacrificado sin su consentimiento, en beneficio

---

9. Se trata de Robert Owen (1771-1858), reformista británico y pionero del movimiento cooperativo en Gran Bretaña y los Estados Unidos. En su obra principal, *A New View of Society, or Essay on the Principle of the Formation of the Human Character,* mantiene el punto de vista de que el carácter del ser humano depende por completo del ambiente que le rodea. Idea que le llevaría a postular la necesidad del cambio pacífico mediante la transformación de las costumbres. Bentham coincidía con Owen al respecto, y a su vez Owen participaba con Bentham de la creencia en la necesidad de apelar al principio de la máxima felicidad del mayor número.

de otras personas[10]. La segunda se funda en la reconocida justicia de la autodefensa y la evidente injusticia de forzar a una persona a aceptar la idea que otro tenga de lo que constituye su propio bien. Los que defienden la postura de Owen invocan el principio evidente de que es injusto castigar a alguien por aquello que no puede evitar. Cada una de estas posiciones lleva las de ganar en la medida en que no se vea obligada a tomar en consideración más que las máximas de justicia que ha seleccionado, pero tan pronto como las diversas máximas de unos y otros se enfrentan entre sí, cada disputante parece tener tanto que alegar a su favor como los demás. Ninguno de ellos puede desarrollar su propia noción de justicia sin tropezar con otra igualmente aceptable. Son auténticas dificultades las que aquí se presentan. Siempre se les ha reconocido como existentes y se han ideado muchos mecanismos para eludirlas más que superarlas. Como salida a la última de ellas, los hombres idearon lo que denominaron libre albedrío, imaginando que no se podría justificar el castigar a un hombre cuya voluntad se encuentra en un estado totalmente desastroso, a menos que se supusiese que había llegado a tal estado sin haber sido influido por circunstancias previas.

Para eludir las restantes dificultades una de las invenciones más socorridas ha sido la ficción de un contrato mediante el cual, en una época desconocida, todos los miembros de la sociedad se comprometieron a obedecer

---

10. Curiosamente, ésta es la acusación más frecuente que suele hacérsele al utilitarismo: sacrificar individuos por el bien colectivo. Parece palmario que no era ese el espíritu que animaba a Mill.

las leyes y consintieron en ser castigados si las desobedecían[11], por lo cual otorgaban a sus legisladores el derecho, que se presupone no habrían podido adquirir de otro modo, a castigarlos, ya por su propio bien o por el de la sociedad. Se pensó así que con esta feliz idea se soslayaba la dificultad por completo y se legitimaba la imposición del castigo en virtud de otra máxima aceptada, *volenti non fit iniuria,* es decir, que no es injusto lo que se hace con el consentimiento de la persona que se supone va a sufrir daño con ello. No es preciso que yo señale que, incluso si dicho consentimiento no fuese sino una ficción, esta máxima no posee mayor autoridad que las otras a las que pretende suplir. Por el contrario, es un ejemplo ilustrativo del modo vago e irregular en el que se desarrollan los supuestos principios de la justicia. Éste, en particular, se comenzó a utilizar, evidentemente, en auxilio de las duras exigencias de los tribunales de justicia que a veces se ven obligados a conformarse con presupuestos muy poco demostrados, a causa de los perjuicios mayores que se derivarían de cualquier intento, por su parte, de actuar con más sutileza. Sin embargo, ni siquiera los tribunales de justicia son capaces de admitir de modo consistente tal máxima, ya que permiten que los compromisos voluntarios sean descartados cuando se da fraude o, en ocasiones, a causa de simple error o falta de información.

Por otra parte, en los casos en que se acepta la legitimidad de la imposición del castigo, aparecen en escena multitud

---

11. Una inteligente crítica a la ficción del contrato puede verse ya en la obra de Hume *A Treatise of Human Nature* (1739), libro III, parte II, sección VIII, versión castellana de Félix Duque en Editora Nacional, Madrid, 1977, p. 786.

de concepciones de la justicia que difieren con relación a la determinación del tipo de castigo adecuado a los delincuentes. Ninguna regla sobre el particular parece ser admitida con tanta fuerza, conforme al sentimiento primitivo y espontáneo de justicia, que la *lex talionis,* ojo por ojo, diente por diente. Aunque este principio de la ley judía y mahometana ha sido, en general, abandonado en Europa como máxima práctica, sospecho que existe en la mayoría de las mentes una secreta inclinación a su favor, de tal modo que cuando, por casualidad, el que ha delinquido es castigado en la proporción que tal máxima recomienda, el sentimiento de satisfacción general que se aprecia es prueba fehaciente de lo natural que es el sentimiento que acepta esta compensación material. Para muchos, la medida de la justicia en la imposición de la pena viene determinada por la proporción entre el castigo y la ofensa, queriendo significar que deba ser medida exactamente conforme a la culpabilidad moral del que ha delinquido (sea cual sea el criterio que utilicen para determinar la culpabilidad moral), no guardando ninguna relación con la justicia, de acuerdo con esta postura, las consideraciones relativas a qué proporción de castigo es necesario para disuadir al criminal. Por el contrario, hay otros para los que este tipo de consideraciones son definitivas, manteniendo que no es justo, al menos en el caso de los hombres, infligir a sus semejantes, cualesquiera que sean sus crímenes, mayor sufrimiento del que sea suficiente para evitar que reincidan y que los demás imiten su mala conducta.

Tomemos otro ejemplo de un tema al que ya nos hemos referido. En los casos de asociación industrial cooperativa, ¿es justo o no que el talento y las habilidades

5. Sobre las conexiones entre justicia y utilidad

den derecho a una remuneración más elevada? Los que responden negativamente argumentan que quien hace todo lo que puede merece tanto como el que más, y que no sería justo situarle en una posición de inferioridad por algo que no es culpa suya, alegándose que las habilidades superiores conllevan ya ventajas más que suficientes a causa de la admiración que provocan, la influencia personal que ejercen y las fuentes internas de satisfacción que proporcionan, sin que haga falta añadir a esto una participación superior en los bienes de la tierra. Conforme a esta opinión, la sociedad estaría más bien obligada en justicia a compensar a los menos favorecidos por esta inmerecida desigualdad en capacidades, en lugar de aumentarla.

En el polo contrario de la argumentación se alega que la sociedad recibe más del trabajador más eficiente y que, dado que sus servicios son de mayor utilidad, la sociedad debe recompensárselos mejor, añadiéndose que ha contribuido más al resultado conjunto con su trabajo, por lo que no admitir su derecho sería una especie de robo, ya que si recibiese lo mismo que los demás sólo se le podría exigir producir en la misma proporción, dedicando al trabajo menos tiempo y esfuerzo en compensación a su superior eficiencia. ¿Cómo decidir ante estas apelaciones a principios de justicia contrapuestos? La justicia en este caso presenta dos caras imposibles de armonizar, ya que los disputantes han elegido posiciones opuestas: uno considera lo que es justo que reciba el individuo, el otro lo que es justo que la comunidad entregue. Cada uno, desde su propio punto de vista es irrefutable. Cualquier toma de posición a favor de uno u otro, con fundamento en la justicia, tendrá que ser totalmente arbitraria. Sólo la utilidad social puede decidir la preferencia[12].

Por lo demás, ¡cuántos y cuán irreconciliables son los criterios de justicia a los que se hace referencia al discutir la distribución de las cargas fiscales! Unos opinan que se debe pagar al Estado en proporción numérica a los medios financieros. Otros consideran que la justicia ordena lo que denominan impuestos graduales, de forma que el porcentaje más elevado corresponda a los que tienen más. Desde la perspectiva de la justicia natural se presenta como muy defendible la posición de que no se tomen en consideración los medios económicos en absoluto y que todo el mundo pague la misma suma de dinero, siempre que sea posible, al igual que los que participan en una comida o los miembros de una sociedad pagan todos lo mismo por disfrutar de los mismos privilegios, aun cuando no todos puedan afrontar el gasto por igual. Puesto que (podría alegarse) la protección de la ley y el gobierno es ofrecida a todos y requerida por todos por igual, no es injusto que todos la paguen al mismo precio. Se reconoce como justo, y no como injusto, que un comerciante cobre a todos los clientes el mismo precio por el mismo artículo, y no un precio que varíe conforme a

---

12. Este recurso a la utilidad social parecería, a simple vista, dirimir la cuestión a favor de la tesis que mantiene que es justo que la sociedad pague mejor a aquel que le presta mejores servicios. Sin embargo, la noción de «utilidad social», y de la utilidad en general, como ya se ha comentado en la Introducción, incluye otros bienes además de los puramente materiales, por lo cual la respuesta a este dilema resulta mucho más problemática de lo que parece, dentro del marco del utilitarismo de Mill.

5. Sobre las conexiones entre justicia y utilidad

las capacidades de pago. Cuando esta doctrina se aplica a la distribución de los impuestos no encuentra defensor alguno, ya que se enfrenta de un modo tan brusco con los sentimientos humanitarios del hombre, a la vez que con los de la conveniencia social. Con todo, el principio de justicia al que se apela es tan verdadero y tan vinculante como aquellos a los que pueda recurrirse en contra de él. Por consiguiente, ejerce una influencia tácita en la línea de defensa utilizada en otros modos de determinar la distribución de los impuestos. La gente se siente obligada a argumentar que el Estado hace más por los ricos que por los pobres, a fin de que se les exija más a aquéllos, aun cuando esto en realidad no sea cierto, ya que los ricos serían mucho más capaces de protegerse, en ausencia de ley o gobierno, que los pobres y, por supuesto, en tal estado de cosas, probablemente conseguirían convertir a los pobres en sus esclavos. Otros, por el contrario, se apartan en tal medida de una idea semejante de la justicia que llegan a mantener que todos deberían pagar un impuesto igual por lo que a la protección de su persona se refiere (siendo dicha protección igualmente valiosa para todos) y un impuesto desigual con relación a la protección de sus propiedades, que son desiguales. Ante esta argumentación otros replican que todo lo que un hombre tiene es tan valioso para él como todo lo que tiene otro para ese otro. Para superar estos confusionismos no existe otro medio de esclarecimiento que recurrir al utilitarismo.

¿Es, pues, la diferencia entre lo justo y lo conveniente una distinción meramente imaginaria? ¿Ha estado la humanidad equivocada al considerar que la justicia es más sagrada que la prudencia *(policy)* y que esta última sólo debe ser escuchada después de que la primera haya sido satisfecha? En modo alguno. La exposición que hemos ofrecido de la naturaleza y origen del sentimiento pertinente reconoce una distinción real. Y no hay nadie, entre los que manifiestan el más grande desprecio por las consecuencias de las acciones como elemento de su moralidad, que otorgue más importancia a esta distinción que la que yo le otorgo. Mientras que yo discuto las pretensiones de cualquier teoría que establezca un criterio imaginario de justicia no fundado en la utilidad, considero, al mismo tiempo, a la justicia que está fundada en la utilidad como la parte más importante, e incomparablemente más sagrada y vinculante, de toda la moralidad. La justicia es el nombre de ciertas clases de reglas morales que se refieren a las condiciones esenciales del bienestar humano de forma más directa y son, por consiguiente, más absolutamente obligatorias que ningún otro tipo de reglas que orienten nuestra vida. De hecho, la idea que hemos averiguado que constituye la esencia de la justicia, a saber, un derecho que posee un individuo, implica y testimonia esta obligación más vinculante.

Las reglas morales que prohíben que unos causen daño a otros (entre las cuales nunca debemos olvidar incluir la interferencia perjudicial en las libertades mutuas) son más vitales para el bienestar humano que ninguna otra máxima, por importante que sea, que sólo indique la mejor manera de solventar alguna parcela de la problemática humana. Presentan además la peculiaridad de constituir el elemento principal a la hora de determinar la totalidad de los sentimientos sociales de la humanidad. Es mediante su

5. Sobre las conexiones entre justicia y utilidad

observación, también, como se mantiene la paz entre los seres humanos. Si lo habitual no fuera obedecerlas, y su desobediencia lo excepcional, todos verían en todos un enemigo contra el cual deberían estar continuamente en guardia[13]. De no menor importancia resulta la consideración de que éstos son los preceptos con relación a los cuales la humanidad siente mayor y más directa urgencia de que sean implantados por los unos en los otros. Mediante la mutua instrucción prudencial, o la exhortación, los hombres no lograrían, o creen que no lograrían, nada. Existe un interés innegable en que se inculquen unos a los otros mutuamente el deber de la beneficencia positiva, pero en un grado mucho menor. Es posible que una persona no necesite jamás la ayuda de nadie, pero siempre precisará que no le hagan daño. De este modo, las morales que protegen a todos los individuos de los perjuicios causados por otros, ya bien directamente o mediante la obstaculización de su libertad de buscar su propio bien, son a un tiempo las más estimadas y las que se tiene mayor interés en que gocen de publicidad y en que sean sancionadas de palabra y de hecho. El que una persona observe este tipo de moral es lo que prueba y decide sus cualidades para convivir con sus semejantes, ya que de ello depende el que sea o no una molestia para aquellos con los que se relaciona. Por lo demás, son estas moralidades las que determinan primordialmente las obligaciones derivadas de la justicia. Así, los casos más señalados de injusticia, que

---

13. Ésa sería, aproximadamente, la visión hobbesiana del hombre en estado natural, en ausencia del *Leviathan*. Por el contrario, dentro de los supuestos de Mill, el hombre es concebido como un ser naturalmente capaz de ajustarse a los dictados de la justicia.

producen la sensación de repugnancia característica de este sentimiento, son actos de agresión indebida, o el ejercicio indebido del poder sobre otro. Les siguen a continuación los que se refieren a la privación indebida a alguien de algo a lo que es acreedor, infligiéndosele en ambos casos un perjuicio positivo, ya bien en forma de sufrimiento directo, o de la privación de algún bien, habiendo fundamento razonable, ya de tipo físico o social, para contar con él.

Los mismos motivos poderosos que obligan a observar estas moralidades primordiales recomiendan el castigo de aquellos que las violan. Dado que se despiertan contra estas personas los impulsos de autodefensa y defensa de los demás, así como los de venganza, la retribución, el mal por mal, se conectan íntimamente con el sentimiento de justicia y se incluyen universalmente en tal idea. El bien por bien forma parte, asimismo, de los dictámenes de la justicia, si bien esto, aun siendo su utilidad social evidente –y aun cuando conlleva consigo un sentimiento natural humano–, no presenta a primera vista aquella clara conexión con el daño o el perjuicio que, dándose en los casos más elementales de justicia e injusticia, es la fuente de la intensidad característica de este tipo de sentimiento. Sin embargo, dicha conexión, aunque menos evidente, no es por ello menos real. Quien acepta beneficios y se niega a devolverlos cuando éstos son requeridos, causa un daño real al defraudar una de las más naturales y razonables expectativas, expectativa a la que, por lo demás, debe haber dado pie, al menos tácitamente, ya que, de lo contrario, pocas veces se le habrían otorgado beneficios. El grado de importancia que tiene el

5. Sobre las conexiones entre justicia y utilidad

defraudar esta expectativa, entre los daños e injusticias padecidos por los hombres, se muestra en el hecho de que constituye la principal malicia de dos actos en gran medida inmorales como lo son el defraudar al amigo o el incumplir una promesa. Pocas cosas causan mayor dolor al ser humano, y ninguna le hiere tanto, que el hecho de que aquellos en los que habitualmente y firmemente confía le fallen cuando está en apuros. Pocas injurias son mayores que esta simple privación de bien. Ninguna provoca mayor resentimiento, ya bien en quien la sufre o en el espectador que simpatiza con la víctima. De aquí se colige que el principio de dar a cada uno lo que se merece, es decir, bien por bien así como mal por mal, no sólo está incluido en la idea de justicia tal como la hemos definido, sino que es objeto apropiado de aquel intenso sentimiento que coloca, en la estima de los hombres, lo justo por encima de la simple conveniencia.

La mayoría de las máximas de justicia habituales en el mundo, y a las que se apela comúnmente en las relaciones humanas, son simplemente instrumentos para hacer efectivos los principios de justicia de los que ahora hemos hablado. Así, la máxima de que una persona es sólo responsable de lo que ha hecho voluntariamente, o lo que habría podido evitar voluntariamente, la de que es injusto condenar a alguien antes de escucharle, la de que el castigo debe ser proporcionado a la ofensa, y otras semejantes, están encaminadas a evitar que el principio de justicia de devolver mal por mal sea pervertido al infligir daño sin justificación. La mayor parte de estas máximas comunes entraron en uso a través de la actuación de los tribunales de justicia, que se han visto llevados naturalmente a un escrutinio y una elaboración, más profundos de lo que otros pudieran realizar, de las reglas que precisan para poder cumplir con su doble misión: la de imponer castigos cuando son merecidos y la de reconocer los derechos de cada cual.

La primera de las virtudes judiciales, la imparcialidad, es una obligación de justicia, en parte por las razones acabadas de mencionar, a saber la de ser una condición necesaria para el cumplimiento de otras obligaciones de la justicia. Pero éste no es el único origen del elevado rango, entre todas las obligaciones humanas, de las máximas de igualdad e imparcialidad que, tanto desde el punto de vista de la estimación popular como conforme al criterio de los más ilustrados, se incluyen entre los preceptos de la justicia. Desde un punto de vista, pueden ser consideradas como corolarios de los principios ya establecidos. Si es un deber dar a cada uno lo que se merece, devolviendo bien por bien, así como castigando el mal con el mal, se sigue, necesariamente, que debemos tratar igualmente bien (a no ser que un deber más elevado lo impida) a todos los que nos han hecho a *nosotros* bien por igual, y que la sociedad debe tratar igualmente bien a todos los que le han hecho a *ella* bien por igual, es decir, a todos los que se han portado igualmente bien en todo. Éste es el criterio abstracto más elevado de la justicia social y distributiva hacia el cual deberían tratar de converger, cuanto fuera posible, las instituciones y los esfuerzos de todos los ciudadanos virtuosos. Sin embargo, este gran deber moral se basa en un fundamento todavía más profundo, siendo una emanación directa del primer principio de la moral, y no un mero corolario lógico de doctrinas secundarias o derivadas[14].

Tal principio está implicado en el propio significado de la utilidad, o principio de la mayor felicidad, pues sería una mera forma verbal vacía, sin significado racional, al menos que la felicidad de una persona, siempre que sea de igual grado (con las debidas matizaciones, según su especie), cuente tanto como la de otra cualquiera. Cumplidas dichas condiciones la frase de Bentham «que todo el mundo cuente como uno, nadie como más de uno» debería escribirse por debajo del principio de utilidad como comentario explicatorio*. El derecho igual

---

14. En estas líneas, las que anteceden y las que siguen, se encuentra el núcleo de la doctrina utilitarista, al que, por lo demás, no se le ha hecho la mínima justicia. Los *desiderata* de imparcialidad e igualdad, como Mill va a afirmar, están implícitos en el propio principio de utilidad. La justicia tiene un papel tan destacado dentro del utilitarismo, y su componente primordial, la imparcialidad, como en cualquier ética deontológica o neocontractualista pudiera tenerlo. La diferencia importante es que en Mill ni la imparcialidad, ni ningún otro elemento constitutivo de la justicia es el criterio último en ética. La utilidad es la *ratio* última de la moralidad, en virtud de la cual, precisamente, como Mill insiste, la justicia y sus preceptos adquieren la más vital importancia. Por tanto, parece evidente que contraponer, en términos generales, la ética utilitarista a las denominadas «éticas de principios» es un grueso error, a menos que se hagan las debidas matizaciones.

* Esta implicación, en el primer principio de la teoría utilitarista, de la total imparcialidad entre las personas es considerada por el señor Herbert Spencer (en su *Social Statics*) como una prueba en contra de las pretensiones de que la utilidad sea una guía suficiente de lo correcto, puesto que (afirma él) el principio de la utilidad presupone el principio previo de que todo el mundo tenga el mismo derecho a la felicidad. Sería más acertado describirlo como suponiendo que iguales sumas de felicidad son igualmente deseables, ya sean experimentadas por la misma o por distintas personas. Esto, sin embargo, no es una *pre*suposición, ni una premisa que precise del apoyo del principio de

de todos a la felicidad, en la estimación del moralista y el legislador, implica un igual derecho a todos los medios conducentes a la felicidad, excepto en la medida en que las inevitables condiciones de la vida humana y el interés general, en el que está incluido el de todo individuo, ponen límites a tal máxima, límites que deberían determi-

la utilidad, sino del propio principio en cuestión, ya que ¿qué es el principio de utilidad si no se da el caso de que «felicidad» y «deseable» sean términos sinónimos? De haber algún principio previo implicado no puede ser otro que éste, a saber, que las verdades de las matemáticas son aplicables a la valoración de la felicidad, así como todas las demás unidades de medición.

(El señor Herbert Spencer, en comunicación privada sobre el tema de la nota precedente, critica el que se le considere como un oponente del utilitarismo y afirma que considera la felicidad como el fin último de la moralidad, si bien defiende que este fin sólo se logra parcialmente mediante generalizaciones empíricas a partir de los resultados observados de la conducta, y que se obtiene en su totalidad solamente al deducir de las leyes de la vida y las condiciones de la existencia, qué tipos de acciones tienden necesariamente a producir la felicidad y qué tipos de ellas a producir infelicidad. Con la excepción del uso del término «necesariamente» no tengo nada que oponer a estas manifestaciones y (omitido este término) no tengo noticias de que ningún defensor actual del utilitarismo mantenga posiciones contrarias. Ciertamente a Bentham, a quien se refiere el señor Spencer, en particular en su *Social Statics,* es al que menos se le pudiera acusar de falta de deseos de derivar el efecto de las acciones en la felicidad de las leyes de la naturaleza humana y las condiciones universales de la vida humana. La acusación que comúnmente se le hace es la de fiarse demasiado de tales deducciones y de negarse a depender de las generalizaciones a partir de experiencias concretas, lo cual el señor Spencer considera que es a lo que los utilitaristas se limitan. Mi opinión personal (y por lo que yo recuerdo la del señor Spencer) es que en ética, como en todas las demás ramas de la investigación científica, se precisa de la conciliación de los resultados de estos procesos, corroborándose y verificándose mutuamente a fin de proporcionar a alguna proposición general el tipo y grado de evidencia que constituye una prueba científica.)

5. Sobre las conexiones entre justicia y utilidad

narse de modo estricto[15]. Como todas las demás máximas de justicia, ésta no es tampoco, en modo alguno, aplicable o mantenible universalmente. Por el contrario, como ya he indicado, se subordina a la idea que todo el mundo tiene de la conveniencia social. Con todo, siempre que se considera en modo alguno aplicable, se mantiene que es un dictado de la justicia. Se considera que todas las personas tienen *derecho* a igual tratamiento, excepto cuando alguna conveniencia social reconocida requiere lo contrario. De aquí que todas las desigualdades sociales que han dejado de considerarse convenientes asuman el carácter no simplemente de no convenientes, sino de injustas, y resulten a la gente tan tiránicas que se pregunten cómo pudieron haber sido toleradas jamás, olvidando que tal vez ellos mismos toleren otras desigualdades de acuerdo con una noción igualmente errónea de la conveniencia. De corregirse tal error, resultaría que lo que aprueban les parecería tan monstruoso, al menos, como aquello que han aprendido a condenar. Toda la historia de las mejoras sociales ha consistido en una serie de transiciones mediante las cuales una costumbre o institución tras otra, de ser una supuesta necesidad primaria de la existencia social ha llegado a alcanzar el rango de una injusticia o tiranía generalmente

---

15. Una frecuente acusación a la teoría de Mill ha sido la de subordinar los intereses de los individuos, sus derechos inalienables, al interés del Todo. Obsérvense, sin embargo, las cautelas que Mill toma al respecto. En cualquier caso, lo único que Mill decide es lo que habría de hacerse en caso de conflicto entre distintos individuos. El respeto por la libertad individual aparece debidamente resaltado en su obra *On Liberty* (1859) (versión castellana: *Sobre la libertad,* a cargo de Pablo de Azcárate, Alianza Editorial, Madrid, 2001).

repudiada. Así ha ocurrido con la distinción entre esclavos y hombres libres, nobles y siervos, patricios y plebeyos. Y lo mismo ocurrirá, y en parte está ya ocurriendo, con las aristocracias de color, raza y sexo[16].

Parece desprenderse de lo que se ha dicho que la justicia es el nombre de determinados requisitos morales que, considerados colectivamente, tienen un valor más alto en la escala de la utilidad social y son, por consiguiente, de una obligatoriedad más perentoria que ningunos otros, aun cuando se den casos particulares en los que algún otro deber social es tan importante como para estar por encima de cualquiera de las máximas generales de la justicia. De este modo, para salvar una vida, no sólo puede ser permisible, sino que constituye un deber, robar o tomar por la fuerza el alimento o los medicamentos necesarios, o secuestrar y obligar a intervenir al único médico cualificado. En tales casos, puesto que no denominamos justicia a lo que no sea una virtud, normalmente decimos no que la justicia deba ser suplantada por algún otro principio moral, sino que aquello que es justo en los casos ordinarios es, en virtud de algún otro principio, injusto en el caso en cuestión. Mediante esta útil adaptación de nuestros términos, se logra mantener el carácter de incuestionabilidad atribuido a la justicia, y nos vemos libres de la necesidad de mantener que puede existir un tipo de injusticia encomiable.

---

16. Sin duda influido por la que había de ser con el tiempo su esposa, Harriet Taylor, Mill fue uno de los más destacados defensores de la causa femenina en su tiempo. Véase al respecto *The Subjection of Women* (1869), publicado con posterioridad a la muerte de su esposa, acaecida en 1858.

5. Sobre las conexiones entre justicia y utilidad

Creo que las consideraciones que ahora se han ofrecido resuelven la única dificultad real de la teoría utilitarista de la moral. Siempre ha resultado evidente que todos los casos de justicia constituyen también casos de conveniencia, radicando la diferencia en el peculiar sentimiento que acompaña a la primera, en contraposición con la segunda. Si se ha explicado de modo suficiente este sentimiento característico, y no existe necesidad de presuponer que posea ningún origen peculiar, si se trata simplemente del sentimiento natural de resentimiento moralizado al hacerse coexistente con las demandas del bien social, y si dicho sentimiento no sólo existe, sino que debe existir, en todos los tipos de clases a los que corresponde la idea de justicia, esta idea ya no se presenta como un obstáculo insuperable para la ética utilitarista. La justicia sigue siendo el nombre adecuado para determinadas utilidades sociales que son mucho más importantes y, por consiguiente, más absolutas e imperiosas que ningunas otras, en cuanto clase (aunque no más que otras puedan serlo en casos particulares) y que, por tanto, deben ser, como de hecho lo son naturalmente, protegidas por un sentimiento no sólo de diferente grado, sino de diferente calidad, que lo distingue del sentimiento más tibio que acompaña a la simple idea de promover el placer o la conveniencia humanos, tanto a causa de la fuerza más concreta de sus mandatos como por el carácter más severo de sus sanciones.

Un sistema de la lógica (1843)
Libro VI

Capítulo XII
Sobre la lógica de la práctica o del arte, incluyendo la moralidad y la prudencia[1]

1. En los capítulos anteriores nos hemos propuesto caracterizar el estado actual de aquellas ramas del conocimiento denominadas morales, que son ciencias en el único sentido propio del término, es decir, investigaciones en el proceder de la naturaleza. Es habitual, sin embargo, incluir bajo la expresión «conocimiento moral» e incluso (aunque indebidamente) bajo el de Ciencia Moral, un tipo de investigación cuyos resultados no se expresan

---

[1]. Al igual que en la edición inglesa de *Mill: Utilitarianism* a cargo de Samuel Gorovitz, incluimos en esta versión castellana, a modo de complemento a *El utilitarismo,* el capítulo final del tratado de Mill sobre Lógica, por tratarse de un interesante precedente de la formulación del principio utilitarista que desarrollaría dieciocho años más tarde. Agradezco al profesor Hare la sugerencia de incluir este capítulo de *A System of Logic* en la versión castellana de *El utilitarismo,* inclusión que enriquecerá, espero, la presente edición, permitiendo al lector no sólo un mejor acercamiento a la propia doctrina utilitarista, sino al método adecuado para su justificación y para toda justificación en ética.

en el modo indicativo, sino en el imperativo o en perífrasis equivalentes a tal modo; me refiero a lo que se denomina conocimiento de los deberes, ética práctica o moralidad.

Ahora bien, el modo imperativo es el modo característico del arte, a diferencia del de la ciencia. Todo lo que se expresa en reglas o preceptos, no en afirmaciones relativas a cuestiones fácticas, es arte. La ética o la moralidad es propiamente una parte del arte correspondiente a la ciencia de la naturaleza humana y la sociedad*.

Por consiguiente, el método de la ética no puede ser otro que el del Arte, o la Práctica, en general. La parte de tarea todavía no conclusa que nos proponemos en el libro final es la de caracterizar el método general del Arte, en contraposición al de la Ciencia.

2. En todas las ramas de actividad práctica, se dan casos en los que los individuos han de conformar su práctica a una regla establecida, mientras que hay otras en las cuales parte de su tarea consiste en encontrar o establecer la regla mediante la cual han de gobernar su conducta. Lo primero ocurre, por ejemplo, en el caso de un juez sujeto a un determinado código escrito. Al juez no se le pide que determine qué actuación sería intrínsecamente la más aconsejable en el caso particular, sino sólo dentro de qué norma legal se circunscribe, que determine qué ha sido ordenado que se haga en un

---

* Es casi superfluo observar que existe otro significado de la palabra Arte, en el cual puede decirse que denota el ámbito o aspecto poético de las cosas en general, en contraste con el científico. En el texto, la palabra se utiliza en este sentido más antiguo, que confío no sea del todo obsoleto.

caso de tal índole y debe suponerse que es de aplicación en el caso particular. El método debe consistir plena y exclusivamente en la argumentación racional o el silogismo, consistiendo el proceso en lo que hemos demostrado cuando examinábamos el silogismo, en qué consistía todo el razonamiento, a saber, la interpretación de una fórmula.

A fin de que nuestra ejemplificación del caso contrario pueda tomarse de entre el mismo tipo de temas que el primero, supongamos, como punto de contraste con la posición del juez, la posición del legislador. Así como el juez tiene leyes que le guían, así el legislador cuenta con reglas y máximas prudenciales. Sin embargo, sería un error manifiesto suponer que el legislador está sometido a dichas máximas del mismo modo que el juez está sometido a las leyes, y que todo lo que tiene que hacer el primero es argumentar a partir de las máximas para determinar lo que ha de hacerse en el caso particular, como hace el juez a partir de las leyes. El legislador tiene que tomar en consideración las razones o fundamentos de las máximas; el juez no tiene que hacer nada semejante con respecto a las leyes, excepto en tanto en cuanto el tomar aquellos elementos en consideración pueda arrojar luz sobre las intenciones del legislador, cuando sus palabras no las hagan suficientemente patentes. Para el juez la ley, una vez que ha sido determinada positivamente, es el criterio final. Sin embargo, el legislador, u otro ejecutante que se guíe por las normas en vez de por sus razones, al modo de los anticuados tácticos alemanes que fueron vencidos por Napoleón, o aquel médico que prefería que sus pacientes murieran conforme a las normas en lugar de sanar en contra de ellas, es considerado, con razón, como un simple pedante y un esclavo de sus propias fórmulas.

Ahora bien, los fundamentos de una máxima de prudencia, o de cualquier regla de arte, no pueden ser otros que los teoremas de la ciencia correspondiente.

Habrá, pues, que determinar la relación en que se encuentran las reglas de arte respecto a las doctrinas de la ciencia. El arte se propone a sí mismo un fin a perseguir, define tal fin y se lo pasa a la ciencia. La ciencia lo recibe, lo considera como un fenómeno o efecto a estudiar, y una vez que investiga sus causas y condiciones lo devuelve al arte, juntamente con un teorema que combina las circunstancias mediante las cuales puede ser obtenido. El arte entonces examina esta combinación de circunstancias y, según se encuentre dentro de las posibilidades humanas o no, declara que el fin es o no es realizable. Por consiguiente, la única premisa que el Arte suministra es la premisa mayor original, que mantiene que la consecución del fin determinado es deseable. La ciencia entonces suministra al Arte la proposición (obtenida mediante una serie de inducciones o deducciones) de que por medio de la realización de determinadas acciones se alcanzará tal fin. A partir de estas premisas el Arte concluye que la realización de tales acciones es deseable y, comprobando que también es posible, convierte el teorema en una norma o precepto.

3. Merece especial atención el hecho de que el teorema o la verdad especulativa no están listos para convertirse en un precepto hasta que la totalidad, y no solamente una parte, de la operación que pertenece a la ciencia no haya

Capítulo XII

sido realizada. Supongamos que sólo hemos llevado a cabo el proceso que corresponde a la ciencia hasta un punto determinado, descubriendo que una causa particular producirá el efecto deseado, pero sin determinar todas las condiciones negativas también necesarias, es decir, todas las circunstancias que, de estar presentes, impedirían su consecución. Si, en este estado imperfecto de la teoría científica, intentamos configurar una regla de arte, realizamos tal operación prematuramente. Ocurrirá que siempre que haga su aparición cualquier causa atacante que haya sido pasada por alto en el teorema la norma quedará en entredicho; habiendo empleado los medios no conseguiremos el fin. Ninguna argumentación hecha a partir de la regla, o acerca de la misma, nos ayudará a solventar dicha dificultad. No hay nada que hacer sino volver atrás y finalizar el proceso científico que debería haber precedido a la formación de la regla. Debemos replantear la investigación para indagar respecto al resto de las condiciones de las que el efecto depende. Sólo una vez que hayamos determinado la totalidad de las mismas estaremos en condiciones de transformar la ley completa de los efectos en un precepto, en el cual se prescriban como medios aquellas circunstancias o combinaciones de circunstancias que la ciencia señala como necesarias.

Es cierto que, por razones de conveniencia, las reglas deben formarse a partir de algo que no alcance a ser totalmente esta teoría idealmente perfecta. En primer lugar, debido a que raras veces la teoría puede resultar idealmente perfecta y, además, porque si se incluyesen todas las contingencias negativas, ya sean de aparición frecuente u ocasional, resultaría demasiado enojoso tenerlas que aprender y recordar, dadas nuestras capacidades ordinarias, en la mayoría de las ocasiones de la vida normal. Las reglas de arte no intentan comprender más condiciones que las que han de tenerse en cuenta en las circunstancias normales, siendo, por consiguiente, siempre imperfectas. En las artes manuales, en las que las condiciones exigidas no son numerosas, y en donde aquellas que las reglas no especifican son generalmente o bien evidentes al observador común o rápidas de aprender mediante la práctica, se puede actuar con seguridad siguiendo las reglas por parte de las personas que no conocen más que dichas reglas. Pero en los asuntos más complejos de la vida, y más todavía en los que conciernen a la vida social y a los Estados, no se puede fiar uno de las reglas solamente, sino que habrá que retrotraerse a las leyes científicas en que se fundan. Saber cuáles son las contingencias prácticas que exigen la modificación de la regla, o que constituyen, por completo, excepciones a la misma, significa saber qué combinaciones de circunstancias obstaculizarían o impedirían totalmente las consecuencias de tales leyes, lo cual sólo puede conocerse mediante referencia a los fundamentos teóricos de la regla.

Un ejecutante prudente, por consiguiente, considerará las reglas sólo como algo provisional. Habiendo sido pensadas para los casos más numerosos, o para aquellos que se dan con más frecuencia, indican el modo en el que será menos peligroso actuar cuando se carece de tiempo o de medios para analizar las circunstancias reales del caso, o cuando no podamos fiarnos de nuestra capacidad para estimarlas. Sin embargo, ello no obsta para que –siempre que las circunstancias lo permitan–

no hayamos de recorrer el proceso científico requerido para configurar una regla a partir de los datos del caso particular con el que nos encontremos. Al mismo tiempo, la regla común puede muy bien servir como advertencia de que hemos encontrado nosotros y los demás un cierto tipo de acción que se adecua bien a los casos que se dan con más frecuencia, de tal modo que de no ser apropiada para el caso en cuestión se deberá, probablemente, a alguna circunstancia no habitual.

4. Resulta, por consiguiente, evidente el error de los que deducen el tipo de conducta apropiado a cada caso particular a partir de supuestas máximas prácticas universales, olvidando la necesidad de retrotraerse constantemente a los principios de la ciencia especulativa, a fin de estar seguros de conseguir siquiera el fin específico que las reglas tienen a la vista. Todavía mucho mayor debe ser el error de establecer tales principios inconmovibles no sólo como reglas universales para conseguir un fin determinado, sino como reglas generales de conducta, sin considerar la posibilidad no sólo de que alguna causa modificadora pueda impedir la consecución del fin determinado, con los medios que la regla prescribe, sino que su propia consecución pueda entrar en conflicto con algún otro fin, que pudiera darse el caso que fuera más deseable.

Éste es el error habitual que cometen muchos teóricos políticos a quienes definiría como miembros de la escuela geométrica, especialmente en Francia, en donde los razonamientos a partir de las reglas prácticas constituyen la principal materia prima de la oratoria periodística y política, debido a una mala interpretación de las funciones de la deducción que ha hecho caer en el descrédito, por parte de la estima de otros países, el espíritu de generalización tan honrosamente característico de la mentalidad francesa. Los lugares comunes de la política en Francia están constituidos por máximas amplias y ambiguas a partir de las cuales, como premisas últimas, los hombres descienden a las aplicaciones particulares, lo cual consideran como una actuación conforme con la lógica y la consistencia. Por ejemplo, argumentan constantemente que deben adoptarse esta y aquella medida, ya que son consecuencia del principio sobre el que se fundamenta la forma de gobierno, consecuencia del principio de la legitimidad o del principio de la soberanía del pueblo. A lo cual puede responderse que si éstos son realmente principios prácticos, deben basarse en fundamentos especulativos. La soberanía del pueblo (por ejemplo) debe constituir un fundamento correcto del gobierno debido a que un gobierno así constituido produce determinados efectos benéficos. Sin embargo, en la medida en que ningún gobierno produce todos los efectos benéficos posibles, sino que todos van acompañados de mayores o menores imperfecciones y, dado que éstas no pueden superarse con medios extraídos de las propias causas que las producen, con frecuencia resultará una recomendación mucho mayor de una disposición práctica particular el que no se siga de lo que se denomina el principio general del gobierno, que el que se siga. En un gobierno legitimado habría que partir, más bien, de un presupuesto a favor de las instituciones de origen popular, y en una democracia a favor de disposiciones que tiendan a frenar el ímpetu de la voluntad general. El tipo de argumentación que con tanta frecuencia se confunde en Francia con filosofía política tiende a que dirijamos nuestros máximos esfuerzos a agravar, en vez de aliviar, las imperfecciones características, de cualquier tipo que sean, del sistema de instituciones que prefiramos, o en el que se dé el caso que vivamos.

5. Por tanto, los fundamentos de toda regla de arte han de buscarse en teoremas de la ciencia. Un arte, o lo que constituye un arte, consta de reglas, conjuntamente con tantas proposiciones especulativas como sean precisas para la justificación de tales reglas. El arte completo de cualquier materia incluye una selección de tal porción de la ciencia como sea necesaria para mostrar de qué condiciones dependen los efectos que el arte se propone producir. Y el Arte, en general, consiste en las verdades de la ciencia, dispuestas del modo más conveniente para la práctica, en lugar del orden más conveniente para la especulación. La ciencia agrupa y dispone las verdades de manera que podamos captar de una sola ojeada todo lo que sea posible del orden general del universo. El Arte, aunque debe presuponer las mismas leyes generales, sólo las sigue en aquellas de sus consecuencias particulares que han llevado a la formación de reglas de conducta, y pone en conexión, extrayéndolas de partes de la ciencia de lo más distantes entre sí, las verdades que se refieren a la producción de las condiciones diferentes y heterogéneas necesarias para producir los efectos que las exigencias de la vida práctica requieren*.

---

* El profesor Brain y otros denominan a la selección de las verdades científicas hecha con vistas a un arte, una Ciencia práctica, y limitan el mismo Arte a las reglas existentes.

Por consiguiente, puesto que la ciencia estudia los diversos efectos que se siguen de cada causa, mientras que el arte vincula cada efecto a las múltiples y diversas causas que lo producen, se necesita un conjunto de verdades científicas intermedias, derivadas de las más elevadas generalidades de la ciencia y destinadas a servir como principios generales, o primeros, de diversas artes. M. Comte considera la operación científica de conformar dichos principios intermedios como uno de los logros reservados a la filosofía del futuro. El único ejemplo concreto que señala como realmente realizado, y que puede mostrar como algo a ser imitado en cuestiones importantes, es la teoría general del arte de la Geometría Descriptiva, tal como es concebida por M. Monge. Sin embargo, no es difícil comprender cuál debe ser, en general, la naturaleza de estos principios intermedios. Después de determinar la concepción más amplia posible del fin a perseguir, es decir, el efecto que ha de producirse, y de determinar de la misma manera amplia el conjunto de condiciones de las que el efecto depende, queda pendiente una revisión general de los recursos de que hay que echar mano para que se cumpla este conjunto de condiciones. Cuando el resultado de dicha revisión ha sido articulado en el menor número posible de proposiciones más abarcadoras, dichas proposiciones expresarán la relación general entre los medios disponibles y el fin, y constituirán la teoría científica del arte en general, a partir de la cual se siguen como corolarios sus métodos prácticos.

6. Pero aunque los razonamientos que conectan el fin o propósito de cada arte con los medios adecuados

pertenecen al dominio de la Ciencia, la definición del propio fin pertenece exclusivamente al Arte, y constituye su dominio particular. Cada arte presenta un primer principio único, o una premisa mayor general, no tomados de la ciencia, a saber, aquellos que enuncian el objeto que se persigue y afirman que constituye un objeto deseable. El arte de la construcción presupone que es deseable contar con edificaciones; la arquitectura (en cuanto una de las Bellas Artes) presupone que dichas edificaciones hayan de ser hermosas e impresionantes. Las artes higiénicas y médicas presuponen, la una que la conservación de la salud, la otra que la curación de las enfermedades, son fines adecuados y deseables. Éstas no son proposiciones científicas. Las proposiciones científicas afirman cuestiones fácticas: una existencia, una coexistencia, una sucesión o una semejanza. Las proposiciones de las que ahora hablamos no afirman la existencia de nada, sino que aconsejan o recomiendan que algo sea. Constituyen una clase por sí mismas. Una proposición cuyo predicado se expresa mediante las palabras *debe (ought)* o *debería ser (should be)* es genéricamente distinta de aquella que se expresa mediante *es* o *será*. Es cierto que, en el sentido más amplio de la palabra, incluso tales proposiciones afirman algo como cuestión fáctica. El hecho afirmado por ellas es el de que la conducta recomendada produce en la mente del hablante el sentimiento de aprobación[2].

---

2. Estimación que ofrece fuertes puntos de convergencia con la posición de Hume, si bien tanto Hume como Mill maticen tal afirmación que, tomada literalmente, resultaría cuando menos desafortunada.

Esto, sin embargo, no llega al fondo de la cuestión, ya que la aprobación del hablante no es razón suficiente para que los demás deban también aprobar algo[3]. Ni tampoco constituye una razón concluyente ni siquiera para el propio hablante. Para los propósitos de la práctica, a todos se les debe exigir que justifiquen su aprobación[4], para lo cual se precisa de premisas generales que determinen cuáles son los objetos adecuados de aprobación y cuál es el orden adecuado de preferencia entre dichos objetos.

Estas premisas generales, junto con las principales conclusiones que pueden deducirse a partir de ellas, forman (o más bien debieran formar) un cuerpo doctrinal que constituye propiamente el Arte de Vivir, en sus tres aspectos: Moralidad, Prudencia o arte de actuar *(policy)* y Estética, es decir, lo correcto moralmente *(the Right)*, lo conveniente *(The Expedient)* y lo hermoso o noble, tanto en la conducta como en las obras humanas. Arte este (que, en sus aspectos principales está, desafortunadamente, todavía por crear) al que se subordinan todas las demás artes, ya que sus principios son los que deben determinar si el objetivo especial de cualquier arte es digno y deseable y qué lugar ocupa dentro de la escala de objetos deseables. Todas las artes son, de este modo, el resultado conjunto de las leyes de la naturaleza, que la

---

3. Punto interesante que hoy en día ha servido para refutar las tesis más fuertes de la concepción «emotivista» de la ética.
4. Posiciones que van desde la de Nowell-Smith, Hare, Toulmin, o la llamada «corriente de las buenas razones» avalan, en la actualidad, este agudo examen metaético acerca de la lógica de la argumentación ética realizado por Mill.

Capítulo XII

ciencia pone de relieve, y los principios generales de lo que ha sido denominado Teleología o Doctrina de los Fines*, los cuales, a su vez, utilizando el lenguaje de los metafísicos alemanes, podrían denominarse, no sin propiedad, principios de la Razón Práctica.

Un observador científico o un especulador, simplemente en cuanto tal, no es un consejero práctico. Su papel consiste solamente en mostrar que determinadas consecuencias se siguen de ciertas causas y que para conseguir ciertos fines unos medios determinados son los más eficaces. El que los fines como tales deban ser perseguidos y, de serlo, en qué casos y en qué medida, no forma parte de las decisiones que su tarea como cultivador de la ciencia le imponen, ni la ciencia, por sí sola, le facultará jamás para tal decisión. En las ciencias puramente físicas no existe gran tentación de asumir esta tarea adicional. Sin embargo, quienes estudian la naturaleza humana y la sociedad, invariablemente tienen tal pretensión. Siempre se proponen determinar no simplemente lo que es, sino lo que debe ser. Para que pudieran hacerlo sería imprescindible contar con una doctrina completa de la Teleología. Ninguna teoría científica, por perfecta que sea, acerca del tema en discusión, considerado simplemente como parte del orden de la naturaleza, puede, en modo alguno, servir como sustituto. En este sentido las diversas artes subordinadas proporcionan una analogía que puede desorientar. En ellas pocas veces existe necesidad alguna evidente de justificar el

---

* La palabra Teleología también se utiliza, aunque de modo inconveniente e inapropiado, por algunos autores como denominación del intento de explicar los fenómenos del universo a partir de causas finales.

fin, puesto que, en general, nadie niega su deseabilidad, de modo que sólo hay que acudir a los principios de la Teleología cuando se trata de decidir el orden de preferencia entre aquel fin y otro distinto. Sin embargo, un estudioso de la Moral y la Política precisa de tales principios en todo momento. La exposición más detallada y bien organizada de las leyes de sucesión y coexistencia entre los fenómenos mentales o sociales, o de sus relaciones entre sí como causas y efectos, no será de utilidad alguna respecto al arte de Vivir o el arte de la Convivencia *(Society)*, si se deja que los fines a perseguir por tal arte vengan determinados por las vagas sugerencias del *intellectus sibi permissus* (que el intelecto se autopermite), o se den por descontado sin analizarlos o cuestionarlos.

7. Existe, pues, una *Philosophia Prima* peculiar al Arte, así como existe otra que corresponde a la Ciencia. No sólo existen primeros principios del conocimiento, sino también primeros principios de la Conducta. Debe existir algún criterio mediante el cual determinar la bondad o maldad, absoluta y comparativa, de fines u objetos de deseo. Y sea cual sea tal criterio, no puede ser más que uno, ya que si existiesen varios principios últimos de conducta, la misma conducta podría ser aprobada por uno de tales principios y condenada por otro, de modo que se precisaría de algún principio más general para decidir entre ellos.

Consecuentemente, los estudiosos de la filosofía Moral han experimentado en su mayoría la necesidad no sólo de referir todas las normas de conducta, y todos los juicios de alabanza y condena, a principios, sino de referirlos a algún principio único, a alguna norma o criterio con el que se exija que todas las demás normas de conducta sean consistentes, y del cual, mediante apelación a consecuencias últimas, pudieran ser todas deducidas. Aquellos que han abandonado el presupuesto de tal criterio universal sólo han podido hacerlo suponiendo que un sentido moral, o instinto, inherente a nuestra naturaleza nos informa tanto respecto a qué principios de conducta hemos de observar como también respecto a en qué orden deberían estar subordinados entre sí.

La teoría de la fundamentación de la moral es un tema que estaría fuera de lugar discutir extensamente en un trabajo de este tipo, y que no podría ser tratado incidentalmente con ningún propósito útil. Me conformaré, por tanto, con afirmar que la doctrina de los principios morales intuitivos, aun si fuese verdadera, sólo sería aplicable a aquella parte del ámbito de la conducta que se denomina propiamente moral. Quedaría por establecer todavía algún principio o criterio general para el resto de la vida práctica y, de escogerse correctamente tal principio, se comprobaría, según yo entiendo, que es igualmente adecuado como principio último de la Moralidad, así como para el de la Prudencia, el arte de actuar *(Policy)*, o el gusto.

Sin intentar justificar en este lugar mi posición, ni siquiera definir el tipo de justificación de que es susceptible, simplemente declaro mi convicción de que el principio general con el que deben conformarse todas las reglas de la práctica, y el criterio por el cual deben ser probadas, es el de que conduzcan a la promoción de la felicidad de la humanidad, o más bien de todos los seres sintientes: en otras palabras, que la promoción de la felicidad es el principio último de la Teleología*.

No pretendo afirmar que la promoción de la felicidad deba ser, en sí misma, el fin de todas las acciones, ni siquiera de todas las reglas de acción. Es la justificación, y debe ser lo que controle todos los fines, pero no es, en sí misma, el único fin. Existen muchas acciones virtuosas, e incluso modos virtuosos de acción (aunque los casos son, creo, menos frecuentes de los que se supone) por los cuales se sacrifica la felicidad en un caso particular, produciéndose más dolor que placer. Sin embargo, las conductas de las que puede afirmarse esto último con verdad sólo pueden ser justificadas si puede mostrarse que, en conjunto, se producirá más felicidad en el mundo si se cultivan los sentimientos que harán que la gente, en casos determinados, desestime la felicidad. Admito por completo que esto es cierto: que el cultivo de una nobleza ideal de la voluntad y la conducta debe ser un fin para los seres humanos individuales, para los cuales la búsqueda específica ya bien de su propia felicidad o la de los demás (excepto en la medida en que estén incluidas en aquella idea) debe abandonarse, en caso de conflicto. Sin embargo, mantengo que la propia cuestión relativa a lo que constituye esa grandeza de carácter ha de ser ella misma decidida mediante referencia a la felicidad como criterio. El propio carácter debe ser, para el individuo, un fin principal, simplemente porque la existencia de esta nobleza ideal de carácter, o un acercamiento

---

* Una discusión expresa, así como la vindicación de este principio, puede verse en el pequeño volumen titulado *El utilitarismo* (1861).

aproximado a la misma, en cualquier grado, contribuirá, más que ninguna otra cosa, a la realización de una vida humana feliz, tanto en el sentido comparativamente modesto del placer y la liberación del dolor, como en el sentido más elevado de convertir la vida no en lo que es ahora casi universalmente, pueril e insignificante, sino en algo que pueda ser apetecido por seres humanos con facultades altamente desarrolladas.

8. Con estas observaciones debemos terminar esta visión resumida de la aplicación de la lógica general de la investigación científica a las esferas moral y social de la ciencia. A pesar de la extremada generalidad de los principios del método que he establecido (generalidad que, confío, no es en este caso sinónimo de vaguedad), he abrigado la esperanza de que a alguno de aquellos a los que corresponderá la tarea de llevar las ciencias más importantes a un estado más satisfactorio, estas observaciones puedan serles de utilidad, tanto para evitar el error como para esclarecer la verdadera concepción de los medios con los que, en temas de un grado tan elevado de complejidad, puede obtenerse la verdad. Si esta esperanza no se ve defraudada, se habrá adelantado en alguna medida lo que, probablemente, ha de constituir el gran logro intelectual de las dos o tres próximas generaciones de pensadores europeos.